U0069092

本土原味，台灣心聲

笨湖精彩一生

金恆煒、彭文正、曹長青主編

汪笨湖留下數部鄉土文學經典,濃厚的草根性
與深刻的人性情慾描寫,被改編為八點檔電視
連續劇與電影,頗獲好評。

| 本土原味・台灣心聲
笨湖 精彩一生

小說 汪笨湖

八〇年代台灣最經典的鄉土‧性‧傳奇

晨星出版

2002年，年代電視《台灣心聲》開播（左圖），其後有《台灣call in》、《總統call in》（右圖）、《台灣起動》、《笨湖開講》、《笨湖NEWS》、《台灣CIA》等節目，寫下台灣本土台語政論的輝煌歷史。

本土原味．台灣心聲
笨湖 精彩一生

左上、下圖｜汪笨湖的戶外開講與遊行演講，每每引起千萬群眾熱烈的反應。激
　　　　　情奔放，慷慨激昂，是一位極具天賦的演說家、主持人。
　右圖｜2005年，汪笨湖將攝影棚帶出戶外，前往台南關心中石化污染，傾
　　　　　聽在地居民心聲。

左圖｜汪笨湖在了解扁案實為一場司法不公的政治追殺之後，轉而積極推
　　　　動救扁，不遺餘力，在聲援阿扁現場受到支持者歡迎。
右上、下圖｜汪笨湖推動台灣意識，重視工農與基層弱勢，淡出媒體圈後，積極
　　　　關心本土農業，開設「笨湖菜市」協助農民推銷產品。

本土原味・台灣心聲
笨湖 精彩一生

左二圖｜汪笨湖數度登上雜誌版面，「汪笨湖現象」已蔚然成形。
　　右圖｜《台灣心聲》停播後，汪笨湖的動向成為各界關注焦點。

本土原味‧台灣心聲
笨湖 精彩一生

▲立委選戰期間，「台灣心聲」共巡迴選舉辦了五十場戶外開講。

堅持對抗 民主才有成果

立委未過半，民進黨及陳水扁總統思想開始有所轉變，開始偏向中國、偏向扁宋會，甚至在謝長廷接任閣揆後，偏向所謂「和解共生」，還在迷信只有和解，贏得中間選民，才能有效執政，卻未能真確掌握，民主政治有一項不變的真諦，即「唯有堅持對抗，民主才能獲致具體成果」，沒有堅持和對抗，民主運動難有成果，因為妥協就代表著干籌碼的失去，如果有實力就不需要妥協。

所以有人說，「寧可做民進黨的敵人，不要做民黨的朋友」，因為在關鍵時刻，民進黨通常會犧牲朋友的利益。因為他認為朋友最後還是會諒解他，但是對敵人，民進黨為了贏得敵人短暫、假性的合作，卻可以作盡姿態。

所以扁宋會時，全體的台灣人都看到，陳水扁放低姿態，宋楚瑜卻沒有把陳總統放在眼裡，這其實是刺傷了台灣人的心，2005年的228晚會，扁到最後三催四請下才勉強現身，這也是「台灣心聲」註定從濫往下走的關鍵。

堅持批判路線 絕不妥協

收視率雖然重要，但我仍堅持，「台灣良心」才是「台灣心聲」的生命，在關鍵的時刻，沒有人出來講話，甚至過去許多號稱「泛綠」的名嘴，在關鍵時刻，為了得到權力者的垂愛，昧著良心向當權者妥協，但當時的「台灣心聲」節目，為了堅持批判的路線，如同黑夜中的一盞孤燈，何等孤寂和艱難？

民進黨最後翻臉成敵人，甚至於透過他所掌控的電台，散布流言說「台灣心聲」反民進黨、反陳水扁，但卻不批評陳水扁總統如何偏離了「台灣主體」路線，當時「台灣心聲」等於正面和陳水扁總統對幹，甚至我在節目中對陳總統說過：「台灣人民可以

汪笨湖：目前無參選計劃

「台灣心聲」停播後，汪笨湖動向如何？

汪笨湖說，他目前沒有參選的打算，民進黨其實不須要把他當成假想敵。

他說，寫作才是他最大的興趣，日本小說家川端康成在60歲時以小說作品獲得諾貝爾文學獎，是他的夢想。他認為到60歲時，人生閱歷都已成熟，應該是可以端出好作品的時候。未來他一定會做的，就是重拾紙筆，再進行小說創作。想看汪笨湖小說作品的讀者，還是有機會的。

至於電視節目，他覺得現階段執政者對政論性節目的干預太多，尤其民進黨對他輕易影響選票流向的影響力有所顧忌，「台灣心聲」停播，其實民進黨抱著樂觀其成的態度。所以在混沌局勢下，政論節目的製作，他可能稍事休息，未來再重新蓄求出發。

2004年2月，《Taiwan News 財經・文化周刊》以「封面故事」專題報導汪笨湖「顛覆台北觀點，替下港人吐悶氣」的《台灣心聲》。

汪笨湖走出戶外的台語政論節目，首開媒體本土化之先，熱潮引發多國媒體關注。2004年，《TIME》雜誌甚至專題報導「汪笨湖現象」的影響。

「最後一集台灣心聲」汪笨湖追思紀念會，由彭文正、曹長青擔任主持人（左圖），現場擠滿各界人士、各地民眾與會致意，會後與會者合唱《黃昏的故鄉》，場面感人（右圖）。

攝影：張良一／《民報》提供

永遠的「台灣心聲」——汪笨湖

本土原味‧台灣心聲

目次

輯二　文化界人士

輯三　學界人士

輯四　宗教界人士

輯五　政界人士

汪笨湖的台灣心聲　　／曹長青

想到汪笨湖，就想到綠林好漢，或者草莽英雄。他身上有一種罕見的俠氣。詩人李敏勇稱汪笨湖是「遊俠」，說他的名字「雕刻在風中」，很傳神。

十多年前初次見到汪笨湖，就感到他與眾不同：身高馬大，魁梧壯實，開口就豪情萬丈。你說他是鄉村的老大，士林的保鑣，什麼道的大哥，也都像。他的言談舉止，有一種要仗義執言、替人打抱不平的俠客勁頭。

如果他生在中國的皇朝時代，沒準就是一個張角、黃巢，或者李自成，率眾造反，要把皇帝拉下馬。但汪笨湖終究做不成黃巾軍，也無法李自成，因為他跟那些草莽們不同。他識字、看書、還寫作，是文化人、作家，在豪爽大氣的背後，更有一份細膩的柔情。俠骨柔情是一種很高的境界，更是一種文明。

台灣人曾是世界上很勇敢的族群。當年那些先輩們冒著十船九沉的風險，渡海到台灣。那時沒有天氣預報，船的質量也很差，在狂風巨浪中，敢橫跨一百公里海峽到台灣，憑這膽量就是英雄！今天不要說九沉，就是有一沉，人們都不敢冒那個險了。所以，當年那些渡海到台灣島的人，大概都是些吃了豹子膽的梟雄。

但隨著各種殖民統治，包括日據時代，尤其是蔣介石國民黨

的戒嚴法和綠島，導致台灣人的血性與方剛退化，漸漸被改造得不方也不剛，大多成為唯唯諾諾的順民。大氣沒有了，豪爽消失了，俠客們被關進綠島。一場228，幾乎殺光台灣本土菁英，更把一個族群的肝膽摘掉了。

在這樣的政治文化氛圍中，仍能冒出一個頗有豪氣俠義的汪笨湖，實可謂異數。異數的汪笨湖創造了多項第一。他是台灣有史以來第一個在獄中寫出幾十萬字小說、並被拍成電視劇、風靡一時的作家。

當年在《中國時報》編輯副刊的金恆煒、張文翊夫婦都在悼念文章中提到，汪笨湖的第一篇小說，是從監獄寄給他們的，寫得很有本土氣息，更有原創的張力。小說發表出來，卻無法寄稿費，因作者沒有留地址。汪笨湖的小說變成「單行道」，只是從監獄寄出。而且他一寫就上百萬字，最後還拍成電視劇，在晚上黃金檔播出。

出版這本「汪笨湖紀念文集」的前衛出版社社長林文欽說，他最想出的是汪笨湖的小說集，在他心目中，汪笨湖是個重要的本土文學家，一位有才氣、有成就的小說家。他的作品，很像是李自成與李白在監獄中合寫的，有草根的經驗，有草莽的血性，有奔放的豪情，有原創的才氣；俚語方言，人情世故，得心應手地融會貫通在一起，文字很笨湖！

汪笨湖的另一個第一，當然是他主持的《台灣心聲》政論節目，曾引起一陣汪笨湖旋風。《台灣心聲》顧名思義，是吶喊出台灣人民的聲音。這個只存在了三年的台灣話政論節目，對啟迪

民智，尤其是替台灣人發聲、抗衡台北泛藍勢力的媒體壟斷，起了不可估量的作用。

「望春風」出版社總編輯林衡哲說，陳水扁能夠當選總統，諾貝爾獎得主李遠哲的支持非常關鍵；能夠連任，有兩大助力，第一是「228百萬人手牽手護台灣」牽出綠營士氣，其次是汪笨湖《台灣心聲》震撼出更多底層民眾的投票激情。

李遠哲的「向上提升、還是向下沉淪」說，當時毋庸置疑是重要推動力。但汪笨湖的政論節目與「228手牽手」能相比嗎？我覺得這個類比並不過分。媒體那種「潤物細無聲」的無形力量是不可估量的。正如去年的美國大選，如果沒有福克斯電視台的政論節目一路為川普的競選搖旗吶喊，川普的當選也是難以想像的。《台灣心聲》開播了一千場，多半時間都是高收視率，曾多次拿下政論節目收視率第一的成績。當時國際大媒體，像美國《華盛頓郵報》、《時代》週刊，日本《朝日新聞》、朝日電視台等，都曾採訪汪笨湖，稱他的節目「開台灣媒體本土化之風」，已形成「汪笨湖現象」。陳水扁競選時的大將，前行政院長游錫堃也認為《台灣心聲》是「本土政權連任的重大助力」。

《台灣心聲》是在南部高雄製作的，首次對北部，尤其是對台北「中國城」主導的政論輿情構成了衝擊。不僅平衡了北部的媒體生態，更重要的是，汪笨湖開創了用台語講解全球大事、政治新聞的先例。對南部那些聽不太懂捲舌北京話的鄉下台灣人來說，真是天旱遇到及時雨般的解渴！

那些鄉下的歐吉桑、歐巴桑，通過汪笨湖那流利、本土、帶

《台灣心聲》是台灣媒體本土化、打破北部媒體壟斷的重要指標。

著親切鄉情的台灣話（還時常穿插俚語典故）而明白了世界在發生什麼。對台灣的本土化來說，這是一個空前的突破，也是促使本地人覺醒的重要貢獻。

我不懂台語，但有很高段數的人說，汪笨湖用台灣話，什麼世界大事都能講，講得自然、流暢，還充滿激情！台灣人經歷了在自己的土地上講台語要被罰款的時代之後，汪笨湖在全國電視上用台語講解世界大事，這不僅創造了一個記錄，也著實讓講台語的台灣人聽著過癮了一把。

汪笨湖的「戶外開講、廟前直播」更具獨創性，是以前電視政論所不曾見過的。我曾多次參加他的「戶外開講」節目，看著台下黑壓壓幾千甚至上萬（高潮時超過兩萬）的現場觀眾，汪笨湖在人群中間，手持麥克風，像極了詩人李敏勇讚譽的「遊俠」，以他渾厚、底氣十足的聲音，挑動起全場觀眾的情緒，讓每個來賓都心潮澎湃，彷彿置身於大歷史之中，你的命運與台灣緊密相連！

從形式上說，那種戶外開講，是很難掌控的群眾場面，觀眾多、又是現場直播，不能有半點差錯。汪笨湖不拿提綱草稿，單槍匹馬，拿著一只麥克風，像唐吉訶德一般，遊走在人群中間，振振有詞，口若懸河，激情奔放，互動熱絡。那真是一種本事，一個天賦，或者說是一個大眾媒體的天才！

他經常安排現場觀眾提問，我目睹了這樣驚奇的場面：那些台灣鄉親，不是提問，而是發言痛斥國民黨的專制統治！那些發自心底的烈火般控訴，燃燒了整個會場！後來不讓鄉親拿話筒了，因為他們拿住就不放，死死攥住，要一直講下去，他們終於

有了說話的機會！最後由節目組人員攜著話筒讓鄉親講話，但鄉親們講了就不想走，還要繼續講，最後得找人把他們抬下去，那期間他們還在掙扎著講……那場面讓人看著想流淚。

六十年，一個甲子，台灣人在自己的土地上做二等公民，沒有講話的機會，甚至講自己的語言也要被罰款。終於，在汪笨湖的《台灣心聲》上，他們有了講幾句話的機會，而且是現場直播、向全國的台灣人民講話的機會，他們感慨，他們激動，他們不能自制，胸中憋著千言萬語，要說出來，說給那些心底有良知、有同情、有回音壁的人們……那是我這輩子親眼目睹的最震撼的場面之一，那種激情，那種衝擊，那種血淚控訴的火爆場面，至今仍歷歷在目！而這機會來自汪笨湖，他掀動了一湖之水，台灣沸騰了！

當然，跟我們每個人一樣，汪笨湖也會出錯。人無完人，水至清則無魚。如果要求完美，那我們在人生的道路上就很難有朋友，在理念奮鬥的征途上就很難有戰友。汪笨湖勇於認錯、追求真理的心胸與大氣，也是在中國文化薰陶出的文人中鮮少見到的。大家都知道，笨湖曾經追隨李登輝而打扁。這裡有理念因素，因李登輝卸任後成立「台聯」，主張「制憲正名建國」，更是台獨的方向。而陳水扁上任就宣稱「四不一沒有」，讓對綠營新政府頗具期待的汪笨湖很不滿。

在陳水扁卸任被起訴的最初階段，汪笨湖不僅接受了李登輝的觀點，也跟很多台灣人一樣，受泛藍媒體鋪天蓋地宣傳攻勢的影響，沒有看清主導該案的政治因素和背後的嚴重司法不公，所

以也是痛罵陳水扁。但在認清了國民黨馬英九政治追殺陳水扁的事實之後，他又挺身而出，強力爲陳前總統的司法人權奮力吶喊，發出不平之聲。歷史學家李筱峰先生在悼念文章中特別提到這段，他說，有人認爲汪笨湖「善變」，「我倒認爲是他勇於修正自己，他的變，是基於一種是非之心。」

汪笨湖的大氣，還表現在他對朋友不同意見的包容。在紅衫軍倒扁時，李登輝前總統在家裡宴請調查扁案的陳瑞仁檢察官（嚴重司法違規）、跟倒扁總指揮施明德密會、發表各種批扁（甚至反台獨）言論。我當時發表長文（並製作演講視頻）痛批我曾力挺過的李登輝。那些文字和視頻可能是綠營中對李前總統批評最嚴厲的。汪笨湖那時還跟隨李登輝，情同父子，但他並沒有像李前總統周圍的某些人那樣跟我翻臉，甚至都沒有跟我爭論和勸阻，他尊重我的看法。我回台灣時，我們依舊像以往一樣見面，他雖然轉達了李前總統對我的不滿，但仍然是眞誠、親切地以朋友相待。笨湖兄這種「大氣」在文人中也是不多見的。

汪笨湖的大氣還體現在敢於公開認錯。李筱峰在文章中提到，他有次上汪笨湖的節目，期間談到陳菊市長時，汪笨湖口中「出現了一些人身攻擊的情緒字眼」。中場休息時，李筱峰抗議說：「你用這種字眼形容阿菊仔，不應該，有失風度，我希望你下半場一開始就要道歉，否則我以後不再上你的節目！」結果汪笨湖立刻認錯，並在下場節目中「對著鏡頭鞠躬認錯，向觀眾及阿菊姐致歉，承認自己做了糟糕的示範！」李筱峰讚歎說，汪笨湖「如此認錯改變，是『近乎勇』的表現。」

中國人最壞的毛病之一是「死不認錯」。而在汪笨湖這裡，他知錯能認，並勇於糾正。他後來力挺陳水扁的司法人權，不惜得罪反扁的李登輝和電視台老闆等，在電視節目中一集一集不停地講，也是一種變相的公開認錯、糾正。對人與事觀察入裡的黃越綏大姐在追思文章中說，「汪笨湖的優點是明理且事後能冷靜沉思。」

　　對我個人來說，當年每次到台灣，笨湖兄都邀請我上他的節目。雖然他是台語為主，但他總是特地照顧我講華語，也幾次給我專訪，一起交流、探討對中國和台灣政治的看法。最令我感佩的是，在節目上，在沒有任何準備的情況下，他可以像相聲演員那樣跟你配合，丟球、找段子讓你發揮。他甚至奇想，要安排我到南部學台語以便上他的台語政論節目。可惜我的台語還沒學（當時就知難而退），他的節目就被關了。

　　再回台灣，笨湖就開始關心我是否能上其他人的節目。在他自己都鬱鬱不得志、才華無處施展的情況下，仍很認真地關注我有沒有講話的機會。而且在他自己都要靠賣水果維生的情況下，還如兄弟般關心我的生活，甚至問到有沒有醫療保險等。那種溫馨的關愛之情，暖人心窩，一直讓我十分感動。2006年我父親去世時，笨湖是在網上看到報導，特地發來電郵，讓我節哀。一個看似很粗獷的男人，卻有很心細的一面。

　　去年5月我在彭文正先生的《正晶限時批》節目上，談到有國民黨人到幾家電視台警告，說我是「外國人」，上節目是「非法打工」，企圖阻止我在台灣上節目時，不由自主地談到我因反共、支持台獨被中共列入黑名單，二十多年不能回家，父親去世

也無法送最後一程的悲慟和永遠的遺憾。笨湖看到這段電視，潸然落淚，與我同哭。我當時並不知道，是這次在編輯「汪笨湖紀念文集」時，才在他的臉書上看到。笨湖兄這種俠骨柔情實令人動容。黃越綏大姐也看出這一層，她說，「體碩高大的他，看似霸氣十足卻又慈悲並念舊。」

《政經看民視》去年8月開播，我當時在台灣參加節目，笨湖兄更是三天兩頭來電話鼓勵、加油，告訴我收視率如何如何，然後再痛罵一頓跟我講歪理的國民黨人。每個人都喜歡自己思想和性情的共鳴者，笨湖兄對我的理解和支持一直令我心存感激。

笨湖走了。再回台灣，那裡景色依舊，但沒有了笨湖，再也聽不到他那底氣十足更親如兄弟般的喊聲，「長青呵……」，再也看不到他侃侃而談時的神采飛揚，再也感受不到他那匹夫救國重擔一肩挑的氣勢，再也等不到他在節目上的那句口頭禪「重點來囉」，那種傷感真是難以名狀！

《蘋果日報》總主筆卜大中說，汪笨湖是接地氣的，他就是地氣！太到位了，笨湖兄，你就是地氣，你的《台灣心聲》就是地氣，地氣就是真正的重點。

汪笨湖是朋友，更是戰友。在任何一戰的征途上，都會有戰友倒下；但也一定會有人接著去完成那多少人傾盡心血卻未竟的事業，那是為我們自己的自由和做人的尊嚴而戰。

——2017 年 3 月 20 日於美國
（作者為旅美中國異議作家）

輯一

新聞界
及《台灣心聲》
節目來賓

汪笨湖
就是地氣

/卜大中

　　台灣政壇近年來流行講「接地氣」，就是政治和選舉要接上基層鄉土的所有插座，才可能勝選。造句：接地氣——國民黨因為沒接地氣，以致於在最近的兩次重大選舉中慘敗。

　　我和笨湖兄只是點頭之交，在公共場合見到互相微笑握個手，從不曾私下見面交談，所以我不敢號稱我是他的朋友。因為不熟又不能裝熟（很想），所以無法寫到他的內心幽微之處。好在他是公眾人物，可藉由他的公眾活動找出他的理念、思想、立場等外殼的模樣；至於殼子裡面的人格特質、精神樣貌、心靈圖譜就不是我能力所及，讀者可以看他的至親好友所寫的追思文章。

　　笨湖兄整個人都散發出一種鄉土的氣質，而這個氣質在台灣民主化之後變成主流氣質。以往威權時代的主流氣質是外省人那種揉合自以為的儒家、黨國體制、道統法統、一口標準「國語」、自視為高級外省人，主要是軍公教統治階級的思維，他們穿的是京戲戲服，唱的是帝王將相的宮廷故事、傳的是舊封建加小農意識的社會中所想像的忠孝節義。

　　笨湖兄是顛覆這套論述系統最厲害的人物。他和其他台灣本

土菁英聯手從邊緣攻陷中心，把台灣本土意識樹立成新中心、新認同、新趨勢、新流行，深刻地影響到青少年一代，出現整代的「天然獨」，完成極為困難的「典範轉移」使命。

笨湖兄是繼承李登輝本土意識優先的推廣者，本身處於新舊過渡的關節點：政治上從舊的威權政治轉向民主政治；經濟上從大量生產和代工的舊窠臼，轉往數位電子的新科技和客製化生產方式；社會上從集體化僵固的封建結構，轉變成多元、個體化的靈活彈性結構；文化上從硬到軟、從一元到多元、從大中國主義到台灣本土主義……都可以看到笨湖努力奔走呼號的身影。電視、廣播、報章、雜誌、演說、座談，只要能傳達出去的他都不放過。摧毀舊體制他固然沒太多作為（時機的緣分未到），但催生新體制和新意識，他的功勞可大了。

國民黨距離地氣太遠，高高在上，脫離社會，終於崩盤。他們不懂民主社會「所有政治都是地方政治」這句話的智慧，當然更沒有心念去就教笨湖一類的人以得到對社會基層的認識與知識。

如何接地氣？笨湖的言行思想就是地氣，更精確地說：「笨湖本人就是地氣。」

（作者為台灣《蘋果日報》總主筆）

笨湖兄，
請你安息！

/郭倍宏

　　汪笨湖（王瑞振）才華洋溢，是台灣人運動中的一個傳奇；他原是鄉土文學作家，由於口才便給，評論時政豪放不拘、自成一格，出道後迅速於南台灣政論界崛起，一夕之間成為台灣家喻戶曉的名嘴。

　　「倍宏，我可以到民視當你顧問，我們一起打拚！」這句話好像還在耳邊迴盪。這是汪笨湖偕江霞在他病發前沒多久，南下高雄HH大樓和我會面時所說的話；當時人高馬大的他，外表看來仍意氣風發，聲音也相當洪亮，豈料言猶在耳，斯人竟已遠去，在世僅六十五載！

　　這是我重返台灣人運動以來，短短時間內第二件令我感歎造化弄人的事。另一樁是民視創辦人蔡同榮的驟逝，他是三十幾年前流亡海外時期的戰友，回台後彼此分在南北不同職場奮鬥，一晃十多年無緣相見；四年前聖誕節，他邀我為一位昔日伙伴出獄洗塵而在民視再度會面，隔幾天他就和現任民視榮譽董事長田再庭專程至南部，力邀我北上接班民視。

　　為了說服我，他分享許多鴻圖壯志，並請我陪他們兩位老人家四處拜訪，認識各地同心的兄弟們！看到他辦公室懸掛幾年前

僅著運動褲的健美照片,年輕二十歲的我自歎弗如;沒想到重逢未及一年,在一個寒冷的夜晚,他竟無預警地倒下了,就在將滿八十前,未留隻字片語便撒手人寰,令人扼腕。

我不禁想起三十年前的鄭南榕,1988年8月他生平第一次也是唯一一次踏上美國領土,從洛杉磯入境;當時我擔任台灣獨立建國聯盟美國本部主席,在海外發行《台灣公論報》,同時兼任總編輯、社長及發行人,和南榕的《自由時代》雜誌社往來密切,幾乎每天互通訊息。所以我親自去洛杉磯國際機場接他,並擔任他私人司機,相處好幾天。

印象中南榕菸癮很大,但精力充沛;沉默時雖有點嚴肅,話匣子一開則天南地北無所不談,對時局的精闢見解屢屢令我瞠目。當時實在萬萬想不到,這位年僅42歲、生命力如此旺盛的好漢,已經走到他人世間最後八個月的旅程;而且我們第一次相處居然也是兩人的最後一次,真是情何以堪!

鄭南榕、蔡同榮及汪笨湖三個人都是台灣人運動中響叮噹的指標人物,他們共有一份對台灣這塊土地、這群人民無比的熱愛;而在各自戰場,他們都勇敢地站在最前線發光發熱,獨領風騷;無論四十、六十或八十年,他們生命裡所捲起的風潮,對當代台灣社會及未來局勢發展造成的影響實在難以估量。

遺憾的是,他們獨特的人生際遇雖非一般人所能匹及,但結束時卻同樣都壯志未酬,彷彿觀賞世界足球冠軍賽,看遍全場精彩片段,卻錯過致勝關鍵的那一球,不免無限唏噓。不過,這樣的缺憾在台灣人歷史上已不知凡幾,多少可敬的前輩都是如此抱

憾而終！

　　幸好，台灣人四百年史這場有如馬拉松的賽事就要面臨最重要的突破點了！後年這個時候，也就是2019年開始，全台灣有志之士將會站出來，用獨立公投來凝聚島嶼出頭天的志氣——我們要向全世界宣示，台灣人決定獨立建國！從此，這個世界再也沒有任何一個國家，可以持續用粗魯的言論、蠻橫的暴力或任何不公平的方式，來侵犯或壓制兩千三百萬台灣人民。我們誓為台灣的美麗家園以及子子孫孫的幸福奮戰到底！

　　二十八年前，鄭南榕臨別前對他最親密的家人說：「剩下就是你們的事了。」沒錯！最後的衝刺，我們這些留下來的兄弟姐妹都會全力以赴。笨湖兄，請你安息吧！

（作者為民視董事長）

凋零為了復活
──為笨湖寫幾句話

／吳錦發

　　三年前父親過世，第一次感覺到與「死亡」之間失去了藩籬，「死亡」似乎已在隔壁，父親倒下後，我已清楚看到了「死亡」的眉與目。

　　當然，之前的心靈導師，亦師亦友的鍾鐵民兄與畫家李登華兄的驟逝，亦大大的帶給我衝擊。但，怎麼說，父親與我畢竟是血脈相連，精與血的關係，如老屋周邊的竹林一被砍除，老屋的一切，已無可掩藏。

　　我是如此被逼向「死神」面前，被迫面對面凝視它。

　　笨湖的逝去，使我感覺更靠近它，那等於是被「死亡」用食指戳了一下額頭。

　　我和笨湖兄差一歲，可說是同一年齡層的人，同為文學家，同為本土主義者，更大的相同，是我們都是「永不氣餒的夢想家」。再頑固，都得帶著夢想「凋零」。

　　笨湖的死，感覺上，我也「死了一部分」。

　　說起來，我和笨湖並不常聚在一起，生平和他貼近、密談的時間其實不多，但心靈上卻很契合，「契合」來自超越時空的「靈合」。

第一次知道「笨湖」這個人，是在我主編《台灣時報》副刊的時代，我接到幾次署名「汪笨湖」的小說，小說中充滿了俚語及鄉土底層人物的趣味，我很欣賞這位作家的小說風格，並把它陸續刊出了；令我印象深刻的是：那幾篇小說寄來的地址，竟是監獄，當時我非常好奇這個作家的身分。

那是鄉土文學論戰之後，鄉土派文學在新一代作者筆下成為一種流行，但汪笨湖的文學和一般「偽形」的鄉土小說非常不一樣，看得出來，那是真正吃過「土」的人才寫得出來的作品。

真正碰面，是一個機緣，這機緣來自我們都在台中晨星出版社出版了幾本書，在晨星老闆撮合下見了面，但初次見面，在飯局中也談得不多。

後來，知道他去電視公司工作了，但也不詳細明白他在電視公司幹什麼活？只是，我和笨湖都有幾部著作被改拍成了電影，我和他的聯絡，如燒不起來的火，時燃時滅。

說也奇怪，後來我和他進一步的聯結，竟然不是我們都熱愛的「文學」，而是我們都痛恨的「政治」，尤其是「台灣的政治」！

而這也聯結了我人生至今的幾個摯友：江霞、魚夫、謝志偉。在一次「非常光碟」事件中，我們被邱毅指為「非常光碟」幕後黑手，是「四大寇」；在此之前，除了魚夫和我偶有接觸，其實我根本不認識江霞、謝志偉；拜邱毅之賜，我們「四大寇」見面了，一起開記者會，成了對抗當時藍媒的象徵性人物。

不，在那個時候，其實已有了「五大寇」，其中一個，便是

在電視台主持節目的汪笨湖。汪笨湖經常一起把我們四個人請去上節目，我是「客家匈奴」，江霞是「福佬大姊」，魚夫是「馬卡道番」，謝志偉是「芋仔番薯」，天下竟然有如此巧合之事？我到現在還在懷疑邱毅是「臥底」，只是不明白他是哪方的「臥底」？

總之，後來的情形我不再贅述了，在「陰謀者」汪笨湖導演下，我們經常出入他的節目，為台灣人發聲，一直到近三、四年前，笨湖的《台灣心聲》開播，我仍是他節目的常客，我們為台灣竭盡心力，嘔心瀝血，只是我從未覺知，那奮戰不懈，口沫橫飛的當兒，「死神」已悄悄來到笨湖身邊。

不想往下寫了，無法往下寫了，筆沒有墨水了，淚，滴下來了，英雄見不得淚，笨湖兄，只有一句話：「我們這種人，凋零只是為了復活。」這樣的話，沒有夢的人是不會懂的。

（作者為前文建會副主委，現任屏東縣政府文化處長）

芭樂和橘子

／彭文正

認識汪笨湖是透過電視，了解汪笨湖卻是透過芭樂和橘子。

雖然是同行，但是我們在舞台上前後差了十來年，生活圈一南一北，工作上更是毫無交集。

2015年初，我因為在壹電視《正晶限時批》鍥而不捨追慈濟的帳目，受到電視台高層關切，怒辭主持棒。第二天，我收到了一箱芭樂。寄件人署名「汪笨湖」。

2015年8月，國民黨立委施壓，教育部把原本並無規範的電視節目主持，以行政命令納入兼職範圍。在蘇迪勒強颱的夜晚，我遞出辭呈，離開了任教二十年的台大。隔兩天，我又收到了一箱橘子。寄件人署名「汪笨湖」。

隔年，我南下探扁，在阿扁總統家遇到了汪笨湖，我們有了一番長談。笨湖兄勉勵我要堅持、要勇敢，他說：「免驚！阮䖭恁靠！」他要我堅守台灣價值，否則「台灣沒幾年好光景」。他說那些權貴「惡人嘸膽啦！」他要我多下鄉開講，他說「老百姓揪怨嘆！」我笑笑點頭，其實汪笨湖的戶外開講已經形成一種經典，沒人能學了。

朱熹說「天不生仲尼，萬古如長夜」；我認為「台灣沒笨

湖，民主如爛泥。」

　　有誰可以在中國文化主宰的電視圈中，用原汁原味的台灣文化顛覆收視習慣？

　　有誰可以在政商錯綜的電視生態中，出淤泥濯清漣又能固守台灣價值？

　　有誰可以在百家爭鳴的政論節目中，設下無法超越的「汪笨湖障礙」？

　　有誰可以在混沌的現實中，把險惡的政治，說得如此活生活現、婦孺皆懂？

　　職場二十年，我最大的驕傲就是被王炳忠說我是「汪笨湖2.0」。但其實，我「只有0.2」。

　　　　　　　　　　（作者為民視《政經看民視》政論節目主持人）

汪大哥是台灣認同大樹的植樹人

/周玉蔻

　　如果說現在的台灣人心中的本土意識是棵樹，那麼當年的植樹人之一，無疑是汪笨湖大哥。

　　年輕時，汪大哥就致力於書寫充滿鄉土氣息的文學作品，聲名在外我也有所耳聞，不過我眞正與他相識，卻是因爲專業的緣故。汪大哥除了文學成就之外，在影視界也有著創新創意的成就。在政論節目的浪潮中，他以標榜本土意識的《台灣心聲》異軍突起，而我也曾應汪大哥邀請，前往高雄擔任節目來賓。

　　當時高鐵尚在興建，我只能依靠飛機往返。一落地就發現，高雄這個城市對我來說是如此熟悉又陌生。街道上的招牌、建築在在都表示我身在台灣，但周遭人們口中流利的台語又讓我彷彿陷入另一個世界——在這裡，似乎不會台語是某種罪惡。

　　懷揣著莫以名狀的罪惡感，我來到了攝影棚。當我聽著汪大哥用流利的台語主持節目，而我卻只能用國語回應的時候，我開始感到困惑，不知究竟是我眞的身負著原罪或是這樣的環境出了什麼問題。不過，汪大哥讓我了解到，這一切都是庸人自擾，一切都只是出身背景與認同所造成的。

　　時光荏苒，政壇歷經數度震盪，既有紅衫軍圍堵總統府，也

本土原味・台灣心聲

有太陽花運動守護立法院。在這過程當中，我的內心也跟著經歷了嘔心瀝血的懷疑、辯證與掙扎，但終究台灣認同還是在我心裡扎了根，而汪大哥正是我對台灣這塊土地的情感與認同的啟蒙者。

汪大哥透過電視，為台灣人播下了本土意識的種子，這個形象為多數人所熟知，但他的真實面貌卻不只是螢幕上所呈現的那般單一。在作者與主持人之外，待我如妹的汪大哥更是位值得家人仰仗的先生、父親和兄弟。唯有用這樣多元的角度來認識他，才能算是完滿。

只是沒想到，首次見到汪大哥的夫人與女兒，卻是在他的追思會現場，也令我感觸良深。會場之中，汪大哥的太太形象溫柔婉約，汪大哥的女兒氣質優雅，再加上捧著岳父遺照的女婿，令人得以想見當初家庭和樂美滿的畫面，更讓人不勝唏噓。看著汪大哥的女兒追隨著父親的信仰在追思會上受洗，更能感受到人生無常的衝擊與啟發。

汪大哥是個舉足輕重的媒體工作者，在台灣政治史之中也留下了光采的一頁。在由長青所編撰的汪笨湖追思文冊之中，我能夠參與其中一角，可說既是榮幸也是義務。汪大哥走了，但他足跡仍留著。我們這些追隨者在這個領域裡面，將繼續跟著他的腳步，面對來自各方的錘鍊與質疑，把這條路繼續走下去。

一如他在節目當中每一次所說的：「台灣人加油。」

（作者為媒體人，現為 HitFM 聯播網《蔻蔻早餐》節目主持人）

笨湖
一生璀璨

/江霞

　　第一次見到汪笨湖，他幾乎是小跑步到我面前，告訴我，幾十年前他當兵時，我在華視演出的連續劇《小鳳阿姨》是他每晚必看的戲，當時我還是他的偶像和夢中情人，他的友善親切和熱情讓我很意外也很感動，頓時有了虛榮的滿足感。

　　那天我們初見面，倒像是多年不見的老朋友，從小說、戲劇、過去的老台灣等等，一直談到了政治。臨走時，我請他總統選舉投票給陳水扁，他說：「不行！已經答應了李登輝總統要幫連戰助選和策劃文宣。」所以他一定會支持連戰。那天，他的友善、熱情及對李總統的尊敬和忠誠，讓我留下了深刻的印象。

　　第二次見面，笨湖已成為電視台的戲劇總監，找我是希望我在他企劃的連續劇裡飾演一個重要的角色，他滔滔不絕地訴說對台灣社會的了解，對人生的透視和對戲劇的理想及抱負。我想，那麼深刻又有見解的作家，難怪可以寫出那麼多小說創作，刻畫出動人心弦的劇本，企劃出一部部的精彩好戲，只可惜當時我沒有戲劇演出的規劃，婉拒了他的美意而失去了合作的機會，如今回想起來，甚是遺憾。

　　再見笨湖，他說：「將在年代電視台開個政論節目，要全用

台語來談台灣的歷史，講台灣的故事，論台灣的政治。」希望我能定期上他的節目，我欣然答應。《台灣心聲》順利在年代電視開播，笨湖以「草地人」自居，用流利的台語訴說著這塊土地上有悲有喜、有血有淚、有些被遺忘、被扭曲的真實故事，透過笨湖和來賓真誠的互動，時常聲淚俱下，動人心弦。節目播出後引起廣大的迴響，轟動一時，笨湖成了眾多台灣人的偶像，他們每晚九點準時守在電視機前，就是要看今天笨湖說什麼？怎麼說？這個節目讓很多對國語一知半解的朋友，從母語、從本土文化中找到了尊嚴。我個人認為本土意識等主體性觀念的建立，及2004年阿扁總統得以連任成功，汪笨湖主持的《台灣心聲》應該功不可沒！

　　2004年阿扁總統任命我接任華視總經理。為了讓公司有充裕的時間製作好八點檔連續劇，我和笨湖商量，請他八點檔先為華視主持一季的談話性節目，他二話不說，一口答應。在不計酬勞的情況下，用他的製作團隊為華視播出了《台灣起動》，同時也提供了他的著作《台灣豪門爭霸記》讓我改編，製作成膾炙人口的大戲《舊情綿綿》。華視得以在半年之內，在收視率排行榜上衝到全國第五。也讓我贏得了同仁的信任，公司上下一起愉快地通力合作，同時將華視的綜藝節目《快樂星期天》衝上全國收視的冠軍。

　　2011年，笨湖在王文洋的支持下，成立了台灣番薯電視台，以優渥的高薪邀請了名嘴老朋友一起將節目經營得有聲有色，可惜後來他們的合作在不太愉快的情況下結束了。這個打擊也讓笨

湖沮喪至極，到此他對電視的熱情完全熄滅，完全退出螢光幕。接著他發現罹患了大腸癌，在長期反覆治療的過程中，憑著他的毅力居然克服了病魔。恢復健康之後，他全心投入「笨湖菜市」的經營，成功地代理了日本優質蘋果及周邊產品，這讓我也嚐到了最好吃的蘋果。他又將台灣小農的心血，用宅配直接送到了消費者的餐桌，造成雙贏。這就是笨湖，即使闖蕩商場也是個佼佼者。

　　笨湖一生璀璨，不管在哪個領域，他的表現都讓人眼睛一亮，成績斐然。他不但將人生必須走的路走得漂亮，也將想要走的路走得精彩。他的風起雲湧，他的獨特風格，將永遠深植我們心中。

（作者為前中華電視總經理）

一轉身，
卻是後會無期　　　／廖筱君

　　相遇和告別，在我的人生中經常就像輪迴一般上演著。你可能隨時都能遇見一個陌生人，也可能下一秒就和身邊一個重要的人說再見。常常一轉身，就是後會無期……

　　汪笨湖大哥的離逝，對我來說，至今仍是一個難以承受的事實。年初一天深夜，我還聽了他一席對小英政府的切切關心，言猶在耳，如今他卻只能化作千縷微風，圍繞在我們身旁，繼續守護台灣。

　　我和汪笨湖的情誼是從民視開始的。1997年我還在TVBS時，接受了當時常董陳剛信和李光輝總經理延攬，參與了台灣第一家民營無線電視台和新聞台的開台工作。當年民視要打破長期媒體被壟斷的不公平環境，被全民賦予很深的期待，我見證並參與了這一刻，至今仍倍感光榮。

　　2000總統大選空前激烈，國民黨分裂，宋楚瑜脫黨參選，扁連宋對決更增添大選不預期性，當時獨立參選的還有許信良與李敖。在很多人的協助之下，我陸續完成五位候選人的獨家專訪，也是國內唯一的一人，令人印象深刻的是前副總統連戰，他希望到民視由我專訪，並提出一個要求，希望我全程用台語。當時我

自認是道道地地台灣囡仔，難不倒我，但是為了慎重起見，我還是請教了汪笨湖協助我能說出更專業的台語，讓我順利完成連戰的專訪。就是從那一天起，他道地的台語，至今仍令我讚嘆不已，也對他為台灣這片土地的愛印象深刻。

2000年3月18日，扁打敗聲勢如日中天的宋楚瑜，僅多出對手31萬票驚險拿下第二任民選總統，台灣完成第一次政黨輪替，對於這樣的選舉結果，很多人還難以置信，包括汪笨湖先生。自從共同見證這場空前激烈的大選結果後，我和汪笨湖就結下不解之緣，好像我的新聞工作到哪，汪笨湖大哥的關切就到哪。他常常笑著對我說：「你是台灣人的女兒，你的責任很重，這也是很多台灣人的心聲。」每每一聽到這句話，我的內心就會不斷翻攪，深恐自己有負於他對我的期望。

2000年我赴台視新聞部擔任晚間新聞主播的消息一曝光，幾乎天天都有關心台灣未來的新前輩對我耳提面命，其中當然也包括了汪笨湖。我們常常在假日，聚在台北市林森北路的華泰飯店一樓咖啡廳暢談理想、臧否時政；這其中有優秀的新聞界菁英：如後來在台視擔任總監的陳清喜、我在新聞界的前輩楊憲宏、前《經濟日報》總編輯盧世祥、義美老總高志明等人，汪笨湖大哥偶爾也會來和大家聚會，只要有他在，全場總是笑聲不斷，總惹得服務生頻頻前來關切。在幾次的深談之後，我進一步發現他對政局的發展特別敏銳，台灣主體意識的強烈意志顯露無遺。於是在我的新聞之路上，隨著台灣政局的動盪與更迭，他也成了我新聞工作上亦師亦友的心靈導師。

2013年農曆年三立電視台的《新台灣加油》節目，我策劃扁案內幕追擊，首度以病情和司法偵查掀開對扁種種不人道待遇，贏得觀眾極大的迴響。汪笨湖大哥在看完節目之後，立刻在電話那一端細訴他對前總統陳水扁的種種不捨，他也總是不忘提醒我接下來還可以做什麼，即使在自己病情急轉直下時，他仍一路牽掛這件事──何時還阿扁公道？

　　當2016年台灣第三度政黨輪替，小英政府數度陷入執政的困境、外力的介入、人事的爭議、轉型正義……，汪笨湖的病情起伏，就如政局一般令人惴惴不安，時而危急、時而看似穩定卻暗地波濤洶湧，也使得他對台灣的牽掛更深了。他透過臉書頻頻給我私訊，彷彿在交代人生中尚未完成的心願；而且往往電話一談，就是一個多小時也無法掛斷，要不是他的身體虛弱，他肯定不願放下電話，令人不捨又心疼。過了一陣子他又突然沒了音訊，輾轉得知原來是他的病情又加重了，我恍然大悟，啊！原來這就叫做「拚命」！但是他給我一個承諾，他要我等他，只要身體一好轉，他一定來三立《新台灣加油》上節目，沒想到卻成了他向我的最後告別，這一轉身，卻是後會無期了……

　　有人說，告別的時候一定要用力一點，多說一句，說不定就成了最後一句；多看一眼，弄不好就是最後一眼。汪笨湖就是這樣，在人生的盡頭用力地和台灣告別、用力地多看台灣一眼，因為他捨不得我們、他捨不得台灣，他漂亮的轉身，即使後會無期，台灣人民永遠會記住，這位用盡一生的力氣守護台灣的民主鬥士。

（作者為三立電視「新台灣加油」政論節目主持人）

汪笨湖
最怕的兩個人

/黃越綏

　　出國一個月回來，聽到最震驚的消息，就屬汪笨湖病逝於「骨髓化生不良症候症」疾病引發敗血症，享年63歲的噩耗。

　　多年前，當他還在隸屬王文洋的台灣番薯台主持節目時，為了救扁及收視率，可說是使出渾身解數及拚命三郎的精神在衝刺。由於我是他欽點的收視率保證之一，經常往返北高之間，加上我的健康情況一向中看不中用，因此會開玩笑提醒他，萬一我若有個三長兩短，他可要親自好好地為我辦一場告別式。

　　當下他馬上阿沙力地拍胸脯保證，可惜棺材裝死不裝老，真沒想到他反而先走了。

　　笨湖為人四海闊交，但他的脾氣有時候就像其小說《落山風》般，雖說來得快去得也快，但當下的氛圍也是夠嚇人的，可是他的優點是明理且事後能冷靜沉思，因此我可能是少數不在意冒著絕交之險而能給予直言的諫友。

　　他就曾在節目中公開說：「我什麼都不怕，就怕兩個人，一個李登輝總統，另外就是阮姐呀黃越綏。」對我而言不知是褒抑貶？

　　體碩高大的他，看似霸氣十足卻又慈悲並念舊，當年他經商

失敗因《票據法》而入獄，其二哥透過關係拜託當時在中時當社會記者的家弟黃越宏，請求獄方給予關照，讓他得以有較大的空間去創作和寫書，事過境遷已多年但他感激之情仍溢於言表。

汪笨湖常有人在江湖身不由己的喟嘆，其給大眾的印象，似乎就停留在他是位勇敢為本土政權發聲的節目主持人。其實他也是個相當有文采的風流才子，最擅長用跳躍式的思考和不按牌理的作風，創造屬於他風格的江山。汪笨湖絕非悲劇人物，而是時勢造出的英雄。

認識他已超過三十多年，從早年跟他喝咖啡討論劇本，一起到酒店和高凌風等藝人談合作，以及輔導他家庭及個人情感問題，甚至破解他與三立張榮華和民視陳剛信的心結，總之一路挺他……往事歷歷在目只是人永別了。

2月25日其在台南的追悼會，我因有事不克前往參加，但3月26日的台北場將不會缺席。

謹以此文悼念，盼笨湖弟一路好走。

承蒙曹長青兄不棄，邀約並願已在臉書發表過的此文，列入汪笨湖的紀念冊，特此表示謝意。

（作者為國際單親兒童文教基金會創辦人）

汪笨湖的
吹鼓吹

／張文翊

　　1984年《中國時報》的文學獎有篇落選小說〈吹鼓吹，一吹到草堆〉，幾位評審都注意到了，認為有生命力也很有創意，可惜文字有些粗糙。作者署名汪笨湖，顯然是個筆名。

　　恆煒當時是「人間」副刊的主編，我在「人間」幫忙，他看過小說後問我意見。我略過文字障，來回看了幾遍，不禁嘆服作者真是天生會說故事的人，像D.H. Lawrence 寫短篇小說，台灣六、七○年代的鄉下農村，透過一個小人物的坎坷而重現。背景和人物織成細密完整的小世界，讀者看得到、聽得到、嗅得到、觸碰得到一切，甚至主角的心靈。這人有寫作的才華，他把台語寫進小說，與故事裡的人物、背景特別搭配，仔細修改之後，應該很夠得上副刊的水準。

　　季季是台灣人，她和劉克襄平日都用台語聊天，散文、小說也都很能寫，她來修改，應該可以勝任。小說交給她幾星期，問她進度，她說還沒動工。過一陣子再問，她的確認真改了幾頁，但是我看了大吃一驚，台語對白和行文改成了中國北方話，獨特的台灣鄉土風格全沒了。

　　副刊裡的呂學海（對，就是後來倒扁紅衫軍裡的一員），還

欠東海大學幾個學分才能畢業，是客家人但能說台灣話，我把汪笨湖的小說交給他修改，但請保留台語的成色，他修了一些給我看，原來的生猛靈活沒走調，於是請他全篇編輯完，我和恆煒各自再潤飾、檢查一遍，才算完事，1985年1月發稿分上、中、下三天刊出。這篇小說來時沒有寄件地址，所以在小說刊登結束的（下）字後面，加了一句：「（本文作者請與本刊連絡）」

作者來信了，署名王瑞振，發信地點是南部某監獄。這封道謝信，並沒有提到他的處境，我覺得不方便問，所以回信只是讚美並期待下一篇小說。第二篇小說很快就寄來了，如果〈吹鼓吹，一吹到草堆〉是輔導級，這一篇就絕對是「限制級」，遠遠超出報紙的尺度了。他對男女情慾和性事的描述，十分的熱衷且露骨，我有點擔心他坐監的罪名不知是什麼。

幾年後在報上多次見到他小說改成劇本拍電影、製作電視連續劇，頗受歡迎的消息，也間接知道他是因違反《票據法》而入獄。今年2月比汪笨湖晚兩天去世的家父，就在笨湖小說發表的那一年出任大法官，次年4月的第204號釋憲文有關《票據法》，爸爸和另兩位大法官楊與齡、鄭健才，獨排眾議，提出不同意見書，認為簽發空頭支票導致支票不能兌現，只是欠債不能還錢，不應該以刑逼債。後來立院因此廢除票據刑法。不知笨湖是刑期滿了，還是因為廢除了《票據法》而出獄。

我們和笨湖初次見面，卻是十多年之後，他在高雄主持電視談話節目《台灣心聲》，請恆煒上節目。接近2004年陳水扁總統競選連任時，他的立場從中立轉而特別支持陳總統，知道他三年

多前幫連戰選總統，我和江霞姐都提心吊膽，怕他在最後一刻倒戈。不過江霞姐比我有信心，結束談話掛電話前，總會安撫我說：「不會啦，他不會變啦！」

　　當時去高雄，非搭飛機不可，我是很神經質的人，不大信任飛機，尤其恆煒每次車禍，都是我不在身邊時發生，所以我如影隨形、明知很可笑卻硬是跟著他，搭飛機到高雄上節目。通常傍晚登機，到了八五大樓辦公室，吃個飯盒就進旁邊的攝影棚。見到我「又來了」，笨湖也不問什麼，體貼的都買兩張機票，當晚住在八五大樓旅館裡，次日飛回台北。熟識了以後，他說起當年，在牢獄中見到自己的小說見報，激動到幾乎落淚，獄友、獄卒見他小說登上報紙，也都另眼相看。人生走向不同的道路，他鄭重地向恆煒道謝。

　　從此，我們就像老朋友、更兼革命同志，見面不用客套，也不用多言，一起走了一段人生旅途。

（作者為報刊編譯、編輯，《當代》雜誌發行人）

台灣人不會忘記的
正港台灣心聲！

/簡余晏

　　笨湖兄在攝影棚現場哽咽了！這是2005年12月4日《台灣心聲》最後一次LIVE播出，我和立宏送他一籃番薯承諾「番薯不怕落土爛，只求枝葉代代傳」，那一剎那我們都知道本土政論節目被打壓不會是最後一次，也會持續困境下去！在那之後，政論界幾番風起雲湧，但在廟口、小學禮堂、大樹下，農民、漁民、議員鄉親戶外開講，那種質樸、有話就嗆的小農民小市民和權貴的精采對談，無人能出其右，他永遠站在農民這一方堅持鄉土論述的背影，為歷史留下難忘瞬間。

　　和笨湖兄一起戶外開講、做節目、或跑選舉現場，他總能激發每位閱聽人腦海深層最感動的記憶，讓一場又一場生命走馬燈重現。至今難忘的是聽到張七郎一家三死的228慘劇，聽遺腹子背出先父的四句詩遺言，望著抗煞英雄林重威母親及未婚妻無言的淚……，笨湖兄有特殊魔法，他總能將人生命中的至悲至哀化成前進動力，激勵台灣人朝前方邁進，但，那台灣人流奶與蜜的迦南地究竟找到了嗎？笨湖兄奮戰一生，媒體環境艱困，但他總在生活中、在農村裡、在菜市場裡奮戰不懈。

　　去探望病榻中笨湖兄時，他依舊爽朗的笑，鼓勵我持續向

前，不論在政壇或媒體他都堅持相挺，他不只是政論前輩，更是我永遠的大兄。我們共同期待台灣政論空間開放民主，熱切期盼台灣人在精神及實質政治上掙脫認命的宿命與制度框架，擁有完全自主的思考能力。笨湖兄不只在政論界照顧後輩，給不同立場者自由空間，更默默協助辛苦困難的評論員。這些年來，當我走在鄉間小路，走在市場人群，走在艱困政治路，時常想起他對我一次又一次的人生政壇叮嚀交待！此刻，耳畔彷彿響起他所愛的《台灣心聲》片頭曲《1812序曲》，笨湖兄，台灣人不會忘記您所愛的音樂及您曾說的人生故事，一切怨憎愛別離苦都將化為我們人生動力，相信，台灣人不會忘記您正港的台灣心聲！

（作者現任台北市觀光傳播局局長）

熱情的
笨湖兄

/Jenny Tsai

在一次回台灣探親的機會，來到台南拜訪笨湖兄，由於對台南不熟悉，前一天我約定一部計程車到台南，女司機告訴我搭高鐵會比較經濟。當時對我來說，獨自一個人到陌生的地方是一項從來沒有過的經驗。由於和笨湖兄約在中午見面，我一早便搭計程車到台中烏日高鐵站，很順利的到達台南高鐵，順著指示牌跟著一群人走到台鐵沙崙站搭乘到台南火車站的區間車。由於已經三、四十年沒有搭過慢車，我決定放下緊張的心情專心欣賞車外的風景。車廂內旅客不多，每個人都有寬敞的座位，約30分鐘左右就到達台南火車站。我快步走出車站叫了一部計程車往「笨湖茱市」飛去。

2015年3月13日，第一次見到笨湖兄真的很開心，我們熱情擁抱。看到他精神奕奕完全沒有病容，很是安慰他恢復健康。我前往台南探望，就是要給笨湖兄支持打氣，切勿因番薯電視台的事件而傷心、傷身。笨湖兄介紹了陳總經理和我認識，以前也在電視節目上見過她。接著公司人員陸續送上熱賣的飲品及冰棒，我吃得津津有味。我告訴笨湖兄，在美國有位鄉親依伶，每次電視台介紹新產品她一定電話訂購，指定寄到嘉義老家，叫她弟弟代為付款，我每次都笑說「你破費，家人受惠」。笨湖兄聽了萬

分感謝大家的支持和照顧。

　　我們談政治、健康情況、幾位認識的朋友和阿扁總統。過去我都是透過三哥Alan聯絡，所以笨湖兄也知道《台灣e新聞》和Jenny。我們雖住在洛杉磯，可是台灣的政論節目或電台直播都不會錯過，在我的網站也會放上當天的錄影供大家收看。師父鄭新助的廣播也有連結，聽說師父看到「卡通版大頭照」放在《台灣e新聞》首頁也很高興。我趁著這次面對面的機會將我過去存在心中的疑問請教笨湖兄，避免人云亦云。笨湖兄將他一本近期的著作送我，另外還有四罐茶葉，我趕緊拿出預先準備的「加油金」請他收下，可是笨湖兄堅持拒收，他說生活沒問題，要我收回，後來我就沒有堅持。

　　中午笨湖兄特別預訂台南五星級的台菜「阿霞大飯店」讓我品嚐台南美食，席上還有陳總經理和笨湖兄的姪女作陪。首先來了一大盤阿霞的「手工招牌菜」蝦棗、蟳丸、粉腸、軟絲，「粉腸」是我小時候最喜歡的家鄉美食，每次回台灣最念念不忘的就是粉腸，想不到今天能和笨湖兄一起同桌共享。接著有鹽水活蝦、紅蟳米糕、烏魚子、台南鱔魚麵、活魚、炒青菜、甜湯，菜色實在太豐富了，很多東西笨湖兄本人不能食用，他光看著我們吃就很高興。餐畢，笨湖兄特別交待老闆娘另外打包一份「手工招牌菜」和「紅蟳米糕」讓我帶回家。笨湖兄如此熱情好客讓我非常感謝，覺得非常不好意思，原本是來探望拜訪，反而讓他破費太多。離去時我們相約2015年底在洛杉磯相見。

　　第一次知道笨湖兄是經由政論節目《台灣心聲》，它具有

本土台灣味，擁有許多海內外的觀眾，該節目在2005年12月3日停播，我們也談到停播的始末。2006年5月推出《笨湖網路開講》。2007年在電視推出《笨湖開講》，笨湖主持台灣藝術電視台節目和李登輝有絕對親密的關係。當年李登輝利用笨湖鬥爭陳水扁，他在節目裡面為李登輝打抱不平。

2011年9月《笨湖News》誕生，由王文洋先生出資成立「台灣番薯電視台」，笨湖兄受聘為董事長。2012年12月因故和出資者王文洋鬧不合拆夥而離開「台灣番薯電視台」。

笨湖兄是一位魅力型的文學家、主持人，早期他的小說《廈門新娘》、《草地狀元》改編成八點檔連續劇，我是電視機前的忠實觀眾。

笨湖兄具有強烈的「台灣本土意識」、支持台灣獨立，主持節目晚期看到司法的不公不義反過來支持陳水扁前總統，希望特偵組和法院應該秉持公正立場辦案不要入人於罪。但是自從支持陳水扁以後，汪笨湖和李登輝的關係降到冰點。笨湖兄一直把前總統李登輝當成「父親」，記得有一次李前總統到外縣市開講，笨湖兄也正好在附近（我猜他是專程去的），他刻意去到會場希望能見思念已久的李總統一面，可是李辦的主任轉告他，只有預約的人才能和李總統見面，當下汪笨湖非常失望的離去。「汪笨湖」本人李辦不認識嗎？他和李前總統「情同父子」啊！我們不曾從笨湖兄口中聽過一句他對老先生不敬的話語。世態炎涼啊！

聽聞笨湖兄未能戰勝病魔，於2月16日上午病逝成大醫院，身為「笨湖迷」的我感到非常不捨。原本以為他已戰勝大腸癌，稍作

汪笨湖與Jenny Tsai於阿霞大飯店前合影。

休息後可以再創事業高峰。誰知老天爺嫉才讓他再發生「骨髓生化不良症」，由於我本人具有醫學領域背景，也曾在醫院血液腫瘤科工作，所以對這個疾病我並不陌生，就是血癌的一種。原本笨湖兄是有機會重生的，可惜和他骨髓配對成功的捐贈人是一位剛生產的孕婦，不適合在此時捐髓。又因笨湖兄本身遭受感染抵抗力太弱，當下也不適合接受骨髓移植。老天不作美讓文化界痛失一位英才。

　　3月26日，在台北會有一場笨湖兄追思會，我一定會回到台灣送笨湖兄您最後一程。

（作者為洛杉磯《台灣 e 新聞》創辦人）

悼笨湖

/魚夫

坐在電腦前想寫這篇悼念文時，這才發現居然找不到一張笨湖兄和我的合照，想來是太熟了，總是錄影卻都忘了照相。

這讓我想起三年前蔡同榮辭世，民視副總王明玉知我和同榮兄之間的交情，便央我也來寫篇悼念文，我也一樣找不到一張他和我的合照，令我唏噓不已。

這幾年，只消見到老友，我就拉著人要拍照留念，由於在台灣民主發展的進程裡，我的年紀相對出道較早，我已年近花甲，而那些老大哥們卻逐一凋零，讓我深覺一個時代即將結束，我越來越不忍看著他們離開的背影。

笨湖兄很早就進入電視圈，以其文學才華，曾經製作過許多膾炙人口的電視連續劇，2000年陳水扁當選總統，三立電視台聘請他製播了一部紅遍半邊天的《阿扁與阿珍》連續劇，因為當時我是三立的台灣台總監，所以這段期間互動較為頻繁。

不久，汪笨湖忽然離開三立，我幾度詢問是何原因，他總是欲言又止，大概是君子絕交，不出惡聲吧？離開三立後，他返回府城，處在低潮期，所以我有到台南時便會邀他出來聊聊天、解解悶。

2001年，我也離開三立電視台了，原因是我非常厭倦call in節目裡每天爭吵不休的形式，有一天，回家看著自己的節目重播，忽然悲從中來，看著那些政客們之間的大小聲，只覺這些人根本無法理性討論，其實就是國家的亂源，這已不是我人生的志業，於是選擇離開。

　　倒是汪笨湖又東山再起了，他在2002年出掌年代MUCH台的執行董事，他的招牌節目《台灣心聲》令我很訝異，居然驚濤裂岸，捲起千堆雪，原來他在政治的敏感度上也如此精準，但笨湖兄總是在我偶爾來去客串一兩集，幫忙抬高收視率時稱我為「call in節目的祖師爺」，其實「始作俑者」並不是我，只是當時玩很大，玩到戶外開講去了，然而笨湖的《台灣心聲》聲勢更是驚人，每回總要出動警力來維持秩序。

　　2003年11月21日，邱毅在記者會上向魚夫道歉，私下卻繼續控告魚夫。當時邱毅係立法委員，利用立院「國是論壇」時間和言論免責權在議堂上含血噴人，整件事荒誕不經，老實講，我們四個人除了吳錦發和我從早期就相識外，謝志偉剛去德國進修返台，台視邀他做一個《謝志偉嗆聲》的節目、而江霞和我只是遠遠的照過面，打過招呼，她跟吳錦發則素未謀面，四人倒因為邱毅的造謠湊合才相互聯絡起來，當時相約全數先集合到台視謝志偉的節目互相認識一下，四人也很想搞清楚，為什麼邱毅會點名我們四個人的原因？當時各台為了競爭，到處邀請我們上節目，可是眾人決議真正要同時當來賓接受訪問的第一選擇就是汪笨湖的節目，要讓他獨家播出！

汪笨湖的《台灣心聲》也不負眾望，在2004年的總統大選中發揮了關鍵性的作用，他在文學的領域之外，也開創了政論節目的新時代。

　　2004年江霞出任華視總經理，我也在董事會裡幫點小忙，但因為已決定不在螢光幕上露臉，所以江霞請來汪笨湖主持《台灣起動》的節目，笨湖的主持風格是公認的本土味非常強烈，我們也偶爾會去探班打氣，可是笨湖兄也知道我不想當名嘴，他也從來不會叫我勉為其難的上節目。

　　華視後來成了公視集團的一部分，江霞任務完成，也不戀棧總經理一職，我這董事也沒作用了，幾年後，我索性搬到台南去過樂活的人生。

　　當時笨湖兄也在王文洋的支持下，在台南開了家「台灣藝術電視台」，做了個《笨湖開講》的節目，雖然頻道的位置並不理想，總算也是沸沸揚揚的，笨湖知道我也搬到台南來了，卻也很體貼不敢打擾我到處趴趴走吃好料，平靜的過著當教授旳日子。

　　偶爾在台南一些餐廳裡，或遇見在牆上有著汪笨湖簽名，或者聽聞店家說汪笨湖常來這裡哦，他說我們的東西很好吃哦！看來他在台南的人氣還挺高的。

　　幾年後，笨湖兄忽然要我談談住在台南的生活，我欣然同意，想來也搬到台南好幾年了，總得抒發心聲，那一集，跟台南的鄭眼科診所借了他們家的頂樓花園，兩人就像好朋友一般的聊，也沒rundown，天南地北，居然做成好幾個鐘頭的節目，播出後又造成轟動，真是匪夷所思。

到了2012年，忽然王文洋要收掉電視台了，汪笨湖雖然力挽狂瀾，卻回天乏術，我當時還又出馬再相挺一兩集，並且找來含飴弄孫的江霞南下幫忙，最終還是關門了，自此笨湖兄落寞的淡出他所喜歡的媒體圈。

　　笨湖兄的性格愛恨分明，我曾親眼看見他在節目進行到一半，當場把來賓趕了出去，因此許多接近他的朋友也知道他行事風格多所爭議，他心裡總是藏著許多秘密，台南的電視台收掉後，他似乎鮮少出現在公開的場合裡，我們也就鮮少見面了；我聽聞他得了大腸癌，打電話去詢問，他周圍的人給我的訊息卻是沒有大礙，只好尊重他的個人隱私，網路幾度有人詢及他的狀況，只好也回答沒事。

　　笨湖兄傳奇的一生，如今畫下句點，我是很感傷的，一幕幕的往事浮上心頭，望著老友離去的背影，拉哩拉雜寫了一大堆，心煩意亂，不知所云，就只能說：笨湖，好走。

（作者本名林奎佑，為漫畫家及政論家，曾任中華電視董事）

曾經登過高峰
曾經破浪滄海

／楊憲宏

　　笨湖的鄉土氣與台灣情強度都是超級而且破表的。他做節目特別有戲感，他的台語腔調是百分之百府城風味，有一種古意；他做節目口頭禪，「重點來囉」與「千古奇案」，有一種庶民街頭講古的緊張緊張緊張；他是敬業精神最足的主持人，上他的節目，感受最深的是，其實笨湖自己一個人就有本事可以口若懸河的把一整個小時的故事說好說滿，但他找了一大群都是能接上他話的人來開講，節目一拉三小時。加上接call in電話，簡直是一場高潮不停的長篇真人布袋戲，出將入相，都在笨湖的唱作演義之間，旋乾轉坤。

　　他的節目不論是在年代電視台的《台灣心聲》或是後來番薯電視台的《笨湖開講》，都有一種真情欲罷不能的流露，用台語說世界大事國家大事，是笨湖做節目的重中之重。在他的節目之前，台語在電視廣播節目中，就是一種只有娛樂說笑的語言，不論八點檔連續劇或綜藝，台語都是一種次要的生活用語，說起嚴肅的事情，就只能用字正腔圓的北京話國語，這種語言生活分類，造成一種普遍的歧視感，意味著，說台語沒水準，不能登大雅之堂。笨湖一向大大的不以為然。

2000年政黨輪替之後，笨湖原來滿懷希望，有一次找我談天時，一直說到，台灣電視要做民主自由改革的先鋒，他的想法是，一定至少要有一家無線電視台成為24小時全台語電視台。他還想了很多的節目，除了教忠教孝的戲劇、紀錄片，以及音樂節目以外，他最重視新聞及評論解讀。他是一個大夢想家，說得好似真的。可是，政黨輪替後，一切都不如願，畢竟近四十年的戒嚴，人心仍然有一道鴻溝，笨湖想歸想，夢歸夢，一切還是空的。我從2000年之後，加入當時興起的電視評論節目，周遊各台，深入了解當時的政治生態與媒體生態，知道笨湖的想法的確是台灣要脫胎換骨，一定要服用的一劑苦口良方，可是大多數新聞人根本無法好好的用台語來輪轉，我告訴笨湖，恐怕是一場空笑夢。

　　可是笨湖從不放棄他的夢想，一個月總有幾天，接到他電話，說要來我的辦公室談談，每次來都是茲事體大，我不忍潑他冷水，總是陪他想辦法，可是很挫折的是，總是找不到機會。他曾感慨，在國民黨執政的時代，大家談一些做不到的事，總還是興致很高，心存希望。民進黨執政時代，談一些原以為可以放手大幹的事，卻發現仍然寸步難行，真是不知如何是好。這是他在《台灣心聲》節目開台之前的灰暗心境。當時台灣已有原住民電視台，也有客家電視台，就沒有一個台語電視台。

　　終於有一天，他急急如律令，非到我辦公室不可，他一來就告訴我，有電視台找他做節目。當時的「電波老虎」邱復生董事長，找到他要開一個有別於當時TVBS《2100全民開講》的北京

本土原味・台灣心聲

話談話性節目，放在年代電視台，笨湖當時很苦惱，因為邱董給他很大的空間，由他全權規劃，馬上啟動。他找我商量，如何是好。

我們談了一整下午，決定把握機會，推出全台語的政治評論節目，而且要不時的談世界大事。就如同我們小時候看祖父那一輩人，士紳都是用台語文高談闊論天下大事，連美國發射人造衛星，笨湖與我都記得家中大人帶著全家大小，晚上遙指天際一顆移動快速的光影，細說美國如何用火箭推送衛星入軌道，其間大人偶有日本話夾敘，大多是全台語與小孩交談。我們都還記得，當時大人們津津樂道美蘇兩強的外太空競爭，大人們用台語說俄羅斯，台語音是「盧西亞」，Russia是也。好不開心。

記得當時笨湖如同小孩拿到心愛的玩具一般，腳步輕鬆而去。不久之後，他果然成功的席捲台灣電視界。他雖然心向台灣國，但他同時也是個對中國民主化十分堅持的意見領袖，他對中國出身的民主運動人士，一向禮遇有加，當年山東盲眼律師陳光誠出逃成功，笨湖為他做特別節目，介紹這位中國維權律師給台灣鄉親認識，笨湖興高采烈，收視創新高，笨湖讓他的台獨粉絲們同樣的關心為拚民主而受中共逼迫的鬥士，還記得有南部阿公call in說：「阿共仔連一個青暝仔攏顧不著，這款嘸路用的政權，台灣人免驚伊啦。」

後來他為了救陳水扁總統，連續一整年每天晚上都是救扁特別節目，我幾乎每周都下台南到他創立的全台語番薯電視台上節目，那時我常常下台南，乾脆在台南市購屋，還與笨湖當鄰居。

這段期間，我看到他的辛苦與磨難，我曾經試著勸他有些事急不來，可是他是過河卒子，停不下來了。

去年11月知道笨湖得了絕症，去成大病房探望他時，心中想的都是這一幕幕笨湖最風雲光閃的過去，我們都住在台南市，他的「笨湖茱市」還在我住的社區，笨湖每次來我家坐坐，言談還是如何東山再起，他說過有些電視台找他做節目，我都一再告訴他，千萬別輕易答應，畢竟他曾經登過高峰，曾經破浪滄海。

笨湖走了，留下了一個台語政論節目的典型，他為台灣本土阿公阿媽的廣開眼界立下汗馬功勞，他的戶外開講震撼人心，連當年《時代》雜誌做封面故事，兩岸更行更遠的主題時，硬堅證據就是汪笨湖的戶外開講，他的台語訊息不但是台灣人都聽得明白，連外國人都搞清楚了。美好的一仗他早已打過，在台南的傳統市場，市井小民最快樂的談笑是「前幾天笨湖到我店裡來了……」，他們以見到笨湖本人為榮。他這一生活得精彩，值得眾人懷念。

（作者為台灣關懷中國人權聯盟創會理事長，
中央廣播電台節目主持人）

本土原味・台灣心聲

文化戰士
汪笨湖

/盧世祥

　　台灣從第二次世界大戰之後，經歷228、白色恐怖及戒嚴時代，專制威權長期籠罩，本土文化也遭霸凌與箝制。在「去台灣化」的總路線之下，黨國當局於殘害台灣本土菁英之後，不僅控制言論，還經由教育機制、媒體控制進行洗腦，把大中國的封建醬缸文化強加這塊土地及人民之上。長期洗腦的結果，台灣有不少人因此頭殼壞去，有人至今昏睡未醒，心智創傷難癒。近年民主化及網路科技進步，雖有助打破「去台灣化」的文化霸凌與箝制，振興台灣文化，追求台灣的價值與尊嚴，仍是國家社會正常化重要的未竟工程。

　　台灣文化慘遭打壓，惡果極其明顯。語言是傳承文化的基本工具，如今台灣各種母語，在台灣人自己的土地上流通已障礙重重；年輕人會說台語的不到一半，原住民語言更經聯合國教科文組織（UNESCO）列為已經或瀕臨滅絕。一半人不識母語，這個社會不僅難以欣賞傳承前人的文化遺產，也注定在文化上前景堪慮。

　　斬斷語言連結之外，洗腦是另一極度傷害台灣文化的惡行，主要透過教育及媒體進行。在教育方面，以中國歷史地理人文為

尊，台灣人事物盡遭貶抑，主體性盡失。在媒體方面，透過新聞解釋權隱匿歪曲基本事實，打壓台灣主體價值。其結果有如創設台灣南社的鄭正煜所痛陳，「台灣最大的悲哀就是很多知識分子，是台灣學的文盲，對台灣的歷史、台灣的文化、台灣的藝術，他是無知的、是台灣話說的『青暝牛』」、「他本身有很多知識、有很多中國知識、有很多世界知識，但是他沒有台灣知識」。也有如謝志偉教授中肯地指出，不少人「只顧得痛惜遠在天邊的神州沉淪，從不知欣賞眼前的淡水落日」。

輕忽或輕蔑台灣主體人事物，是文化霸凌箝制的必然惡果。母語被視為阿公阿嬤的語言，難登大雅之堂；即使被迫說「台灣國語」，也成為廣電媒體形塑刻板印象的揶揄嘲弄對象。台灣本土的一切，從布袋戲、歌仔戲、台語歌、電影、雕刻、陶藝、美術……本土藝術統統被視為不入流，文學、藝術、演藝圈盡遭喧賓奪主，即使流行文化也不例外。直到與民主化同時到來的本土意識覺醒，「俗擱有力」的本土文化才春風吹又生，也有如壓不扁的玫瑰，四處綻放。

戰後台灣文化遭到如此踐踏，在那個年代生長的台灣子弟，只要略具良知良能，即使歷經黨國當局洗腦，最終仍會在適當時候覺醒，且表現於個人行為：不投票給中國國民黨、支持「黨外」、為爭民主自由走上街頭或為振興台灣文化而奮起。

汪笨湖就是一例。他在中學階段，因讀到蘇聯作家索忍尼辛名著《古拉格群島》，引發蔣介石也是獨裁者的領悟與反感，且形諸文字，寫在學生週記，進而受到老師及校方注意。有人說，

這是他青少年時期就顯露叛逆性格，但這應該是那個戒嚴時代許多台灣人的共同經驗。

與汪笨湖同時間在南台灣成長的筆者，也有類似遭遇。初三那一年，從《文星》雜誌讀到一篇批評孔老夫子的文章，頗有同感，就在週記上抒發所見。隔幾天，週記發下來，卻整頁不見了，而且是很整齊地被卸下。同時，老師還交代，訓導主任要請家父去一趟學校「喝茶談話」。

在那個時代，正常思考、言論、主張，即使出自青少年，也被視為「背骨」、「大逆不道」、「思想有問題」，社會上以言獲罪者不在少數。當時台灣人最常告誡子女，「囡仔人有耳沒嘴」、「飯可多吃，話不能多講」。

違反人性與人權自由的高壓自難永遠持續。然而，包括文化霸凌與箝制的威權統治都不會自動告退，要受壓迫的人民奮起反抗，才得以改變。同時，威權當局也長期培養大批御用附庸勢力，為維護既得利益，他們總以打手之姿，全力阻礙台灣社會邁向自立自主的正常化之路。

汪笨湖就是在這種艱難的環境中，從文化戰線出發，力求讓台灣早日成為正常社會。

他有一般人所難得一見的才華。尋常的文化界人士，會寫文章者未必能言善道，善於言詞者文筆也未必佳；汪笨湖文采、口才兼具，能寫也能說，乃能在文化界發揮非比尋常的力量，積極破除外來政權強加於台灣政治與文化的桎梏。

他寫小說，作品不斷。他文學創作聚焦台灣草地鄉土，以深

入描繪人性為特色，備受文壇重視與大眾歡迎，大放異彩；且經改編為電視連續劇及電影，人氣甚高，既叫好也叫座。

他語言表達才華卓越，跨越媒體。他從文壇走向電視圈，既屬出眾的談話性節目主持人，也是政論名嘴，清除黨國洗腦遺毒，說出台灣人普遍心聲，奮戰不懈，乃能風起雲湧，創造時勢。

他從南部出發，扭轉台灣整體失衡。台灣北尊南卑，城鄉差距懸殊，政經社會文化各層面皆然；失衡既是物質的，也是心態的。外來政權所刻意打造的「天龍國」、「中國城」，既不自然也不本土，危害台灣長遠正常發展。汪笨湖有鑒於此，以最樸素、堅實、可靠的南台灣基層人民心聲為本，有根又有力，在文化戰線攻城掠地，影響遍及全國，「去台灣化」的無根腐朽因之勢力退潮，「天然獨」的扎實清新從而處處開花。

最重要的，他有台灣心。台灣心出自良心良能，所望所求簡單明白：文化要以斯土斯民為主體，政治要人民當家做主，社會要多元包容；這是台灣的基本心聲，人民卑微的期望。有了台灣心，價值信念必然堅定不移，面對險阻堅毅不拔，終身致力不留遺憾。

如今汪笨湖蒙主寵召而遠行，我們曾在文化戰線上讚賞他、受他感動，或有幸與他相識、相處、相知，甚至曾並肩作戰的眾人，除了思念，還要在他未竟的振興台灣文化之路，繼續接棒，奮戰不已。

約翰・甘迺迪的一段話語，此時最足以貼切表達眾人的決

心：「表達敬謝之意，吾人不可或忘，最高的讚賞不在口頭說出，而是以行動具體實現。」（As we express our gratitude, we must never forget that the highest appreciation is not to utter words, but to live by them.）如果更多台灣人以行動爲汪笨湖接棒，台灣明天一定更美好。

（作者爲資深新聞工作者）

想起人生老師
汪笨湖

/張銘祐

　　我這七年級生對汪笨湖的印象，最初是2002年左右的《台灣心聲》，每晚家家戶戶都看著汪笨湖的戶外開講，將所有名嘴、民代都集中在那個政論剛起步的年代。家裡的阿爸總是一邊看一邊罵（國民黨），當時能夠做外場、又能請來藍綠民代或媒體人，汪笨湖當屬台灣第一人；而且他草根親切的用語是至今台灣政論界無人可以比擬的。當然他也培植出許多藍綠的政論名嘴。

　　我是比較後期才認識汪笨湖先生的，大約是在2011年7月離開台北（在台北工作近七年），回到南投工業區當鐵工時。回想當年我19歲上台北，當過議員助理、電台主持人、立委秘書、入聯聯盟策劃，到政黨輪替後、到北社當主任與蔡丁貴教授創立公投護台灣聯盟擔任執行長數年，總感覺追求的目標被限於相當大的瓶頸，轉個念頭想回南投過樸實的生活。正好我在南投工廠午休結束，正準備材料要燒鍛造的窗花時，一通電話打來，是汪笨湖的特助陳桂萍，說是問桃園鄭羽秀小姐得到我的電話，邀請我隔天去上節目。當時相當訝異怎麼會找我到番薯電視台，還說主持人是汪笨湖，更讓我意外。

　　去他那裡第一天，節目是討論陳水扁前總統的案子。猶記得

節目結束後主持人汪笨湖要我明天再去，大概一個禮拜去三天左右。而後他就對著電視機說：「以後銘祐就是我的頭等師仔（閉門徒弟）」，並且幫我取綽號叫做「台灣少俠」。

當時汪笨湖的節目是三個小時，他都會主持一個小時，要我跟鄭新助議員或其他人一起主持另外兩個小時。大概一個月後他把我叫去大廳，開始要求我進去主持時不能夠帶任何的筆記或報紙。他說：「做一個出色的主持人，應該掌握足夠的資訊，並且想好鄉親的反應。」並且要我每天親上節目，因為當時有接call in，他也會要求我接聽電話時要用敬語，比如台中王桑，要講「來自台中ê王先生是咱忠實ê觀眾請講」，諸如此類的訓練相當多。

汪笨湖先生很注重禮節，當時電視台有七十多位員工，他要求每個員工都要笑臉迎人、點頭致意；而且貴客進場或說話的態度，都是汪笨湖先生相當要求的。他也賞罰分明對待每一個人，如果業績達到要求，獎金、名牌包到賓士車，他都願意給你；但是沒有達到他的要求也會被辭退。汪笨湖的座車不是賓士，而是普通的TOYOTA。他跟我說這樣的要求是日本公司的禮節，獎賞可以收買員工的心，讓他們（員工）知道有成績老闆是看得到的。當時整個電視台就像日本公司，不但環境乾淨，人人也有禮節。

他的節目當時收視率好，但是國民黨壟斷下沒有廣告商敢贊助，加上言論趨於當時非主流的本土政論，公司沒有廣告商贊助，完全是靠員工去找農產品、日本食品等，自己拍廣告來銷

售，支撐整個電視公司的開銷。他說：「銘祐呵！公司員工要薪水、也要獎勵，賣東西賺錢就是要活水來支撐，外面怎麼講我都不要緊，我開電視台就是要賺錢才能經營。」

每天台中台南兩邊跑，汪笨湖先生特別派司機給我。有一次坐車到公司大門沒有員工來開車門我自己開，被汪笨湖看到他馬上不悅到憤怒，召集員工，告訴他們這樣子是非常沒禮貌的行為——雖然銘祐每天來錄影，但是不能夠因為這樣而鬆懈。還有一次因為公司要迎接來台關心陳水扁案子的美國人權協會人員，員工並列迎接代表到電視台接受訪問，因為大門口太多人要湧入，我馬上從側門進入，被他發現馬上訓示我：「銘祐呵！做一個君子、做一個武士絕對不能夠從側門，而不光明正大的走大門，日本武士到死都不會鑽旁邊的門。」那天之後，他就將那個側門給封起來，不再打開。或許大家認為這是沒必要的繁縟禮節，但是對他來講是很重要的基本態度。而且汪先生上班時間是早上九點到晚上十一點半，所以員工大概晚上十點離開時，他就會叫部門經理帶他們去喝酒吃宵夜。他本身不會到場，他私下跟我說，他去大家一定不會盡興，他要犒賞員工就可能只流於表面。

陳水扁總統的長子陳致中被拔除議員身分時，汪笨湖先生怕他沒有收入，都會刻意叫他來上節目，一集的通告費往往是別人的四倍，甚至常常包紅包給扁家（因為當時扁家訴訟中資產被凍結）。甚至有需要偏鄉救助，還有當時莫拉克風災後的小林村，他每個月都送米跟日常用品到山區，這就是汪笨湖的

個性。

美國人權中心在電視台訪問時，在開錄前沒有媒體的情況下，他一百八十多公分的身軀躺臥在攝影棚內模擬的監獄中，跪在地上模擬阿扁在獄中寫字，他做完後坐在地上眼淚流了下來，當時沒有攝影機拍攝，他只是敘述給人權中心的人看，台灣前總統的遭遇，他模擬完馬上痛哭，這樣的汪笨湖絕對不是媒體前的硬漢。

到番薯電視台被關起來前，他都跟王姓企業家保持很好的關係，從來沒有聽過運作上有所謂的財務問題，而且王姓企業家也只是出資讓他去經營。一直到後來汪笨湖先生把我找去，告訴我：「銘祐呵！你看咱每一場街頭運動都有上萬人跟我們上街，國民黨持續出賣台灣跟中國靠攏，民進黨把我們阿扁們的聲音封鎖，該是我們要革命的時候了，要學習日本的坂本龍馬，該起身的時候絕對不能遲疑！」於是他要我籌劃創黨的事宜，創立一個「台灣番薯黨」，沒有想到在電視上招募三天，有一萬多人打電話登記，雖然最後沒有運作，但足以知道台灣民心與汪笨湖的魅力。

從此以後番薯電視台的節目，除了原本挺扁的立場外，更批判時事、批判政治黑暗、批判派系利益、批判國共賣台計畫……，變成一個說真話的電視台。但是好景不常，大概這樣的模式兩個月後，得罪當朝的執政黨也得罪當時的國台辦，原本還有中國官方會到電視台來看先進設備，後來完全不敢踏入，當時的王姓企業家XX集團的股票正在上海上市，因為王姓企業家長

期被施壓，迫使王姓企業家必須有些動作，於是最後的兩個月，跟汪笨湖稱兄道弟的名嘴事先得知狀況，完全不敢上節目，更不要說力挺表態。當時我選擇陪他走完電視台的最後時刻，陪他面對律師團每天來查帳，來坐鎮看我們節目的評論再回報給王姓企業家……。當時汪笨湖先生說我們站在土地、良知說話也無所謂了！

2009年，當時說要一起革命的人到立法院門口就跑光光，他陪台教會蔡丁貴會長絕食，創立後來的公投盟守在立法院外五年。我看到汪笨湖最無助的時候，我選擇留下來陪他面對，後來媒體的報導跟我看到的有相當的差異與扭曲。

之後汪笨湖先生一直希望能夠東山再起，但往往事與願違，因為長期的辛勞，他的身體已經出現警訊。記得當時有一位媒體大亨打電話，請他去他剛買的中字媒體，汪笨湖先生認為他要站在台灣人的立場，寧願對扁雪中送炭，也不願做錦上添花的妥協，而拒絕了那個媒體大亨。

之後汪先生一直跟我保持聯絡，總是給我一些人生道理。印象最深刻的是他很擔心我的生活，所以他都會找理由要我到台南，並給我一筆生活基本費用，因為當時他知道我新婚又剛生孩子。他總是說：「銘祐呵！最黑暗的時候是黎明將要升起時，千望不要放棄理想、要承受孤獨。」

一直到後來他發現大腸癌並展開化療，當時我正好要到游錫堃院長參選新北市長的總部擔任部門主管，汪笨湖先生對我說：「你是媒體的人才，要回到媒體才對。」猶記得是元旦過後，他

介紹我給當時的年代新聞部劉俊麟經理，而後我一個禮拜去一次年代，跟劉俊麟至今還是如兄弟般互相支持，漸漸出現在媒體，也跟汪笨湖先生保持聯繫，他依舊關心台灣時事，我也知道他已經做完化療。

記得去年（2016年）天氣轉變後的10月，他用FACEBOOK的語音跟我聯絡，我們聊了兩個半小時，他說他一直爭取要去民視，要再做節目，因為新的董事長郭倍宏是台南人，他要跟他好好的合作，只是他身體不知道怎麼搞的一直在發燒，沒有體力來想事情。電話中他一直希望幫我爭取開一個政論節目，因為台灣的政論節目生態在大選後勢必做轉換，我是新秀又會說台灣話、台灣意識清楚，絕對會幫我開節目。沒想到過沒多久傳來他住院的消息，劉俊麟跟我馬上奔往成大，在病床中述說著人情冷暖，與他遺憾未完成的事情。我記得他還說他很不甘心，對蔡英文總統的許多期待，當時我還告訴他：「笨湖仙！你不是一直告訴我最黑暗的時候是黎明之前，不要放棄！」

而我在農曆年前再到成大看他，他已經在加護病房沒有太多的意識，全身也浮腫插著管子，我內心相當的難過。2月16日他告別了精彩的一生，身為他閉門徒弟，我看到的汪笨湖，跟很多人認知的不一樣。2月25日一早從台北驅車前往台南送汪笨湖先生，我內心有無限愧疚，因為這幾年媒體際遇不是很順利，能發揮的也有很多侷限，往往沒有達到他的要求，在禮拜後要送汪先生骨灰上車，笨湖先生的三哥說：「你的恩師真的要走了。」抱著我，我眼淚忍不住崩潰大哭，以前電視台的同仁同聲喊著「董

事長再見」，笨湖仙！銘祐會堅持台灣意識，抓住機會傳承你的
堅持，再見了！眞的再見了！

（作者曾任《番薯電視台》節目代班主持人）

為時代留下傳奇篇章
—— 悼笨湖兄

／陳永興

　　本土作家、政論名嘴汪笨湖病逝，台灣少了一名文化戰將，令人感到無比惋惜。

　　1988年蔣經國去世，李登輝繼任總統，加速推動政治改革工程，包括國會全面改選、總統直選等，為台灣民主化奠定堅實基礎。2000年陳水扁當選總統，首度實現政黨輪替，開啟政黨政治新頁，台灣成為新興國家的民主典範。

　　但台灣的政治文化並未跟上政治民主化的腳步，媒體尤其充斥封建、保守、反動的黨國勢力。汪笨湖異軍突起，突顯民眾對統派意識操控媒體的不耐、不滿。他憑著洋溢才華與敏銳觀察，掌握時代脈動，反應民意心聲，獲得觀眾好評，節目收視長紅。

　　另一方面，他鮮明的節目風格，熱烈的鄉土情懷，催化了本土意識的高漲。汪笨湖創下的高收視紀錄，就是對統派媒體的最大反撲。時勢豪俠，相輔相成，相激相盪，形成媒體界難得一見的汪笨湖現象，為大時代留下傳奇的篇章。

　　笨湖兄雖然離開我們，但他的處事風範，將長留大家心中。他對本土文化的付出與貢獻，將持續影響未來的世代。

（作者為《民報》發行人）

紀念啟動台灣心聲的
「汪笨湖現象」　　／黃育芯

　　猶記得去年夏天跟汪先生見面時，他還在策劃他的網路市集「笨湖菜市」該找哪些小農合作、要如何開發新產品，他甚至找來銀行端籌劃第三方支付的金流系統，以免在競爭激烈的網路市場中喪失優勢。他就是這樣，腦中總有新想法，從來不放棄任何機會。

　　沒想到幾個月後再見面，他已在成大就醫。病榻中他依舊不改關心家事、國事的習慣，除了詢問我們這群晚輩的事業近況之外，還不忘評論時政，只是爽朗的笑聲中竟藏著無限落寞，心裡不禁擔心「這次老人家生病真的非同小可」。

　　2002年《台灣心聲》節目開播沒多久，原本在製作外景節目的我，被汪先生找進辦公室詢問加入他的製作團隊的意願，他說：「我以為你那麼晚下班是在玩網路遊戲，觀察你一陣子之後，沒想到你都是在工作，待在外景節目沒有影響力，你應該嘗試製作新聞節目……。」加入新團隊沒有蜜月期，直接就面對每一次砲火猛烈的製作會議，這樣的震撼教育是我待在節目部兩年多來沒遇過的，但不可否認總是被轟得心服口服，主持人比製作團隊還專業、還認真，我們有什麼話好說？

但有時他發覺把我們逼到有點喪氣時，總會拿出身為長者的慈祥風範幫我們打氣，提及《台灣心聲》開播前幾集，收視率只有0.08的壓力與他的心境。「那時候我心想這個節目真的完蛋了嗎？於是我跑到北投去泡溫泉，讓自己躺在滿滿的熱水裡好好思考這個節目的走向，忽然間想到台灣主體意識的覺醒，於是找來前國大議長蘇南成來講過去台灣民主化轉型的腥風血雨，沒想到人民真的給我們機會了！」

　　這位很不典型的節目主持人作風非常台式傳統，所以我們私底下都稱呼他「阿伯」。他打破我們做節目的慣例做法，總是用他的邏輯要求我們呈現他要的鏡頭語言，我們被他要求得人仰馬翻，沒想到觀眾就愛他這一味。

　　「你們要知道台灣人民被壓迫了五、六十年，很多話不敢講，我們節目就是要讓這些人有個抒發的空間。」所以，當時阿伯堪稱是全台灣對觀眾最好的主持人，不僅會親自回信，還會親自打電話給觀眾。

　　為了呈現台灣主體意識，阿伯還規劃一系列的人物專訪，前總統李登輝先生、台獨教父史明、柯旗化老師遺孀、林宅血案長女林奐均、非洲醫生連加恩、抗煞犧牲的林重威醫師家人……，透過這些故事，我們認識許多台灣故事與人物，原來懵懵懂懂的台灣史彷彿鮮活起來，而我們的觀眾也跟著節目一起探究台灣史，對於這片土地的認同也越來越深。

　　後來，我們更展開全台灣巡迴的戶外開講。阿伯說，就是要讓台灣人敢出來講，不要再說「有耳無嘴」了。很深刻地記得第

一場開講，我們把觀眾與來賓圍得遠遠的，阿伯一看立刻要求改變，他說，政治人物、名嘴要禁得起考驗，我的場子人民最大！在鏡頭上，他更要求攝影師要拍攝打赤腳的歐吉桑，甚至麥克風拿著就走入人群，我們當時神經緊繃，他卻總能帶動民眾熱情，並且適時安撫。

或許，這就是為何當時媒體輿論特別以「汪笨湖現象」來形容他做節目的影響力吧！

許多媒體都以「草根性」形容汪先生主持節目的風格，其實，只要細心觀察《台灣心聲》的種種細節，應該都會收回這樣的形容詞。阿伯出身台南世家，他總說，台語是優雅的語言，所以不僅僅在節目中以台語發聲，連我們也要以台語跟他對話；此外，在節目片頭、片尾的音樂選擇，他會特別要求我們找古典樂，《1812序曲》、《布蘭詩歌》就是他指定的，甚至在得知加拿大籍音樂家馬修連恩深入台灣民間採集音樂時，還特別在新節目中使用他的音樂。相較台灣節目普遍使用罐頭音樂，他的節目卻不鄉愿遷就現況，原因無他，就是不希望被誤以為「台灣人沒水準」。

雖然在鏡頭前觀眾都愛他，但身為他的製作團隊，我們卻怕他怕得要死，因為他要求嚴格，做完節目後還會回家看重播，如果有任何錯字或不妥的地方，即便半夜兩點也會打電話糾正我們，當他問起來賓電話，我們必須反射性地背給他聽，更別說當天有什麼議題、該請什麼來賓；此外，友台節目做什麼議題、請什麼來賓、收視率多少……，我們也要清清楚楚，他問我們的問

題都必須確實回答，沒有模糊空間。在這樣高壓的工作下我們都不敢心存僥倖，不是不想喘口氣，而是因為阿伯總會發現我們的疏失，然後，被罵得臭頭。

但，不可否認，他除了是我們的節目主持人，還是我們的長輩、我們的導師。跟在他身邊，我們學習到許多待人處事的「眉角」，也見識到台上台下的風雲變化，尤其他的意志力與學習不倦，更是讓身為晚輩的我們追趕不上。或許，在政治立場上有許多不同意見，但站在彰顯台灣主體意識的貢獻上，他絕對是舉足輕重的人物。

然而，這樣的人物，私底下也有著哲學家、文學家的浪漫。他常說，如果往後告別人世，他只想帶著幾本書進棺材，其中一本便是台灣文學家陳冠學老師的《田園之秋》；病榻之際他心有遺憾地說，年輕時一直很想到美國留學，沒想到歷盡人生風浪後卻無緣達成這個心願，進而萌生要葬在美國的念頭……。回想他老人家一生積極向前，今日卻被迫停下腳步長眠，心中除了不捨，竟也無從尋找字眼形容這樣的悵然。

老人家生前最愛的歌曲是《望春風》，是台灣心聲的片尾音樂，更是被他堅信應該成為台灣國歌的歌曲，謹以《望春風》樂聲祝福他老人家安息，也希望他最愛的這片土地能夠越來越好，越來越獨立！

（作者為《台灣心聲》製作團隊成員）

汪笨湖的人生
是精采豐富的

／邱國禎

　　本名王瑞振的汪笨湖一生很曲折，但是，活得很精彩。他的人生旅程曾經遭遇幾次頓挫，但是，他活得更豐富。人生最後病痛是他唯一無法克服的，63年的歲月確實是太短了，令人唏噓不已。

　　他讀的是哲學，經商不是他的專長，卻不得不接掌家族事業，最後不但以結束事業告終，還因為台灣專制獨裁統治時代的票據惡法而入獄，這段經歷成了他人生最大的轉折，坐牢期間勤奮寫作，讓他成為台灣流行小說的著名作家。

　　他的第一部小說問世時，正是台灣史上第二次鄉土文學論戰後，台灣文學脫離中國國族主義無病呻吟文學而蓬勃綻放的時期，他源自台灣土地的原味故事透過生花妙筆的書寫，因符合讀者脾胃而頗獲好評，連同後來陸續發表的流行小說都成為電視台搶手的鄉土劇。隨後又有作品被拍成電影。

　　這是他人生精彩片段的開始，大學四年的哲學浸濡讓他三年牢獄之災醞育了沉潛之果，不過，出獄後的汪笨湖有一段時期也不順遂，迫於生活寫了好幾本速成的流行小說，其中一度前往中國，這段經歷是否也醞育了他強烈的台灣意識，不得而知，惟觀

本土原味‧台灣心聲 笨湖 精彩一生

察他後來主持談話性節目的言論，應該多少有點關係吧。

汪笨湖兼具了哲學素養、流行小說家的浪漫與熱情，在他的人生歷程中隨處可見。

因為寫小說，多部小說被改編為電視劇及電影，開啓他進入影視圈的機緣，以及人生另一段精彩歷程。這時候的汪笨湖曾經是八點檔電視劇的紅人，靠著聰明與機靈也監製了幾部電視劇，《阿扁與阿珍》是代表作。

2002年，他的角色蛻變成為談話節目《台灣心聲》的主持人，由於主持節目的風格獨特，而且開創談話節目全程使用福洛台語的先例，一時爆紅，他主持節目的特色是：直言敢言、立場鮮明、真情流露，標榜「100%本土原味政論節目，抓妖、嗆聲、說真話，檢驗所有政治人物，走透台灣基層，跟人民借膽，向總統府發聲」。因此，他的節目連續兩年多穩坐收視率最高寶座。此時也可以說是他精彩人生的最高峰。

如果說他對評論界或新聞界有所影響，就是那一陣子打破了此前談話節目的成規與尺度，他把個人的浪漫與熱情都帶入了節目，感性時可以在現場直播中熱淚盈眶，憤慨時可以拍案怒髮衝冠，「戶外開講」雖然不是他首創，但是，參加的民眾人山人海、且在他的帶動下熱情空前，給觀眾提供了一個全新的視界，也顛覆性地創立了談話節目主持人主導議題的模式。另外，他在節目大量使用鄉土俚語，毫不隱諱地塑造「本土意識」，後來成為不少地方電台模仿的對象。

《台灣心聲》結束後，他一度怪罪陳水扁政府，曾經在新開

的節目中批評民進黨、批評陳水扁；不過，陳水扁執政末期遭到黨國餘孽勢力反撲，甚至在下台後立即被政治迫害，汪笨湖立即為陳水扁仗義執言，多次站在挺扁行列中振臂高呼，充分流露了真情與俠義熱情。

　　熱情、浪漫、聰明機靈，是汪笨湖精彩、豐富人生的動力元素，他留下的足跡都會留在好友的心坎裡，他在評論界發揮的影響力也會成為典範。

（作者為《南方快報》創辦人）

汪笨湖的
獨步台灣

/金恆煒

　　說起來慚愧，我認識汪笨湖，卻完全不認識王瑞振。當然，我一定看過王瑞振這個名字，也知道他是誰，然而卻沒有在大腦海馬與皮質上留下深刻印象；也就是說，汪笨湖名聲越大，王振瑞也就被掩蓋了；像只知小說家七等生，不知劉武雄。同樣的，越認識汪笨湖，越關注汪笨湖，反而讓王瑞振成為陌生名字、陌生的人。

　　我一定接觸過、也知道「汪笨湖＝王瑞振」此一事實。汪笨湖的處女作〈吹鼓吹，一吹到草堆〉是參加1984年度《中國時報》小說獎的徵文。當時我是副刊主編，初選過的作品，我大半會看，至少瀏覽一下，甚至沒入選的，我也會翻讀、過目，是怕有遺珠之憾。儘管主編對文學獎評審過程不能置一詞，事實上主編還是有一定說話──或說說服──的影響力；我年輕時進入《時報》當小編輯，就目睹過主編向文學獎評審強力推薦他心目中的作品，而且有效。不介入評審過程則是我的原則，但讓死裡的鹹魚翻身，卻是我的職責。汪笨湖的〈吹鼓吹〉就是在這樣的機緣下得以刊出。

　　笨湖一直不知道他的伯樂是誰。多年後，也是台南人的當年

同事，後來成爲中研院副院長的王汎森，當時他應是研究員，遇到笨湖，笨湖還問他，他應感謝誰？或許那是笨湖第一次知道我與他的關聯。關於汪笨湖這篇小說終於披露的曲折，文翊已在紀念笨湖的文字中細述，請參看，這裡打住。

我與笨湖是眞的是從文字交始。

我確定知道或說看到笨湖的本名，是身爲主編要核發稿費，稿費支出單上不但有作者筆名，還要有眞名及地址。我看到汪笨湖的通訊處是監獄時，馬上連想到法國知名小偷作家尙・惹內（Jean Genet）——這位被沙特封爲「聖者」的小說家。至少，他們都是監獄作家，兩人的小說都同樣有敢於衝破社會禁忌的特色。笨湖因爲受到這篇小說得以刊出的鼓勵，他爲自己生涯開出另一扇門；就像追逐兔子的愛麗絲，掉進了深井之中，然後進入了奇幻人生漫遊。

我在報社當過編輯、記者，最後出任「人間」主編。在萬馬齊暗的兩蔣戒嚴時代，副刊絕不是「報屁股」，而是「報頭」。這話怎講？在肅殺的年代，政治是禁區，媒體在政治新聞上幾乎像發通稿，不替官方美言就上上大吉了，最多走剃刀邊緣，不痛不癢，完全沒看頭。報紙競相以聳動的社會新聞吸引讀者，社會新聞當道，成爲賺錢的賣點，原因在此。然而副刊卻是冬天夾縫裡的小花，副刊可以藉文學、思想、文化來從事「陽奉陰違」的勾當，仰賴海外學者的特殊位階，言論尺度較寬、風險較小的情況下，「儒以文亂法」的可能性大增，間接褒貶、暗中譏諷，就成爲可能。83年我從美國調回台北，在我主編下，更刻意打破過

去兩大報惡性競爭到刺探「匪報」內容的副刊格套，他們以爭奪小圈圈的所謂「名作家」集團爲能事，我突破「黑名單」禁忌，力邀絕跡台灣的作家。一方面，我從重「人」走向重「事」，把編輯方針導向突出台灣社會最急切的病灶，並尋求學者、專家對症下藥，用連續十幾、二十篇文章以「專輯」方式推出。從國內的教育、環保、交通、新電影等問題到古蹟保存；在副刊火力全開下，至少擋住了桃園神社被拆除之噩運，成爲台灣唯一留下保存最完整的神社。另方面，引介全球──尤其美國之外的日本、英國、法國、德國、歐洲──文化、學術、歷史諸事件、學派及人物。三方面加強社會批評，關注現實問題，「野火集」即因此應運而生；「人間」副刊遂成爲公民社會的搖籃，勉強比喻，當年《中國時報》副刊有點像今天叩應節目的作用。我的副刊受國民黨，尤其惡勢力的軍方政戰系統所惡，也是必然。後來離開時報，發憤創辦《當代》，《當代》的特色其實早在我編的副刊中呈現。

　　這是題外話。重點是，我深切感受台灣文化、文學被壓扁而無力的慘狀。台灣人的母語橫遭扼殺、剝奪，在所謂「國語」／「國文」的霸權下，台灣語言與文化矮化成不入流的等級。語言是文字之母，而文字又是思想載體，台灣人、台灣文化淪爲邊緣，台灣作家也就難以登堂入室；這就是爲什麼我刻意去挖掘台灣味文章的原因。我任副刊主編時，特別關注台灣作家，盡力費心刊出他們的文章，笨湖即是一例。

　　笨湖後來出版了許多小說，也被改編成電影、電視劇本。

1986年我創辦《當代》，與文學界的接觸較少，與笨湖沒什麼交集。等到笨湖在電視台開《台灣心聲》政論節目，發下宏願：「你們要知道台灣人民被壓迫了五、六十年，很多話不敢講，我們節目就是要讓這些人有個抒發的空間。」在北京話獨霸的時空下，本土政論節目之幟橫空殺出，蔚成「汪笨湖現象」。汪笨湖獨創戶外開講，現場幾千名觀眾，曹長青讚美汪掌控全場情緒的能力：「全台灣政論主持人沒人能達到這個程度。」汪笨湖旋風，連美國《華盛頓郵報》、《時代》週刊、《太陽報》，日本《朝日新聞》、朝日電視台等都採訪、報導汪笨湖，稱他的節目「開台灣媒體本土化之風」。汪笨湖不能像惹內一樣，把文學才華充分發揮出來，而台灣也不是法國，撐不起像惹內這樣的作家，但笨湖卻能不拘一格，自闢蹊徑。

我當年也是政論節目常客，常受《台灣心聲》之邀。笨湖基本上用台語，我是半聽不懂，不過政治議題，倒也難不倒。這裡我談一下，印象深刻的幾件汪笨湖叩應軼事。

很久以前有一回笨湖、我和李敖同台，哪一台？講題是什麼？不記得了。不過談到了陳水扁，我與汪當然一國，在節目空檔，李敖說：「汪笨湖真的喜歡陳水扁！」

2006年紅衫軍亂台，陳水扁總統腹背受敵，尤其民進黨內蘇貞昌、新潮流聯手李登輝，非要把陳水扁拉下台不可。為了打扁，新潮流甚至要犧牲同派系的高雄市長候選人陳菊，林濁水、李文忠雙辭立委職，算盤很簡單，一旦北高雙輸，扁非下台不可。高雄這一役遂成為關鍵。黨主席游錫堃和前新聞局長葉國興

知道高雄之役攸關民進黨存亡，在台北成立高雄助選辦公室，也邀我參加。我只記得幾乎每天下午開會，盡全力拉抬陳菊，其中甘苦不足爲外人道。不過透過我也動用了汪笨湖在高雄的廟口戶外兩次開講，雄風不減，路爲之塞。投票前夕，台灣本土社團在愛河大造勢，陳總統、陳致中現身，成爲焦點。最後高雄市長之爭，在不看好下險勝。這是一票不漏、涓滴計算的努力策劃下，造就今天南霸天陳菊局面的歷史往事，也是我與笨湖多次攜手合作中具突出意義的一次。

另一個記憶，是李登輝出錢在台灣藝術電視台開《笨湖開講》，那一年是2007年，也是紅衫軍亂台之後，李扁關係勢成水火。汪笨湖有一天在節目中開講，擊桌罵扁，那一掌就像驚堂木拍將下去，江霞馬上打電話來說，笨湖結束了；江霞母親是台灣人沉默多數的代表，是笨湖迷，過去發生事情，都要問江霞原委，後來有了《台灣心聲》，改爲《聽笨湖怎麼說！》，笨湖當下那一掌，江霞媽媽在電視機前立刻割袍斷義，從此不再看笨湖。

最後談一下笨湖「番薯台」的風波。笨湖「番薯台」每天節目只突顯一件事：營救被馬英九迫害的陳前總統。是不是因此使在中國做生意的老闆王文洋受不了？還是因爲汪笨湖在番薯台開「笨湖菜市」使王文洋不爽？還是批判王雪紅？反正王文洋要逐走汪笨湖。番薯台是唯一救扁台，爲了維持此陣地，我打電話給王文洋，當天就約好見面，我與文翊即刻趕到王文洋辦公室。我說服王文洋的說辭是，這一個在邊緣頻道的有線台，而且只有汪

笨湖能吸引足夠的人，成為有價值的台，而且也只有用扁號召，才能夠獨樹一幟。最後沒有說服王文洋。當然，笨湖一去，這個台也就無疾而終了。

此後笨湖專心做「笨湖柴市」，一度請好友幫忙，建立網路平台，只是壯志未酬，不然笨湖在商場也能成一霸。

笨湖能寫小說，能主持節目，能做生意，他不是只專一事的刺蝟型，而是多才多藝狐狸型怪才；而他做媒體，無論叩應節目還是本土劇，都能計算到市場，且願意遊走在不同陣營間；他屬於本土派則無可疑。這是他的本事，卻不是我能置喙的。我與他相交，只知汪笨湖，不知王瑞振。直到他生病住院，我才第一次見到他的夫人、女兒及女婿，除了他的三哥在番薯台時就熟識以外。

「知人者智」，我雖不是智者，但我看重笨湖小說之才，我也看重笨湖主持節目，尤其戶外開講的功力，而且他也確實發光發熱。笨湖是我們的伙伴，台灣走到今天，他有一份貢獻。

（作者為《當代》雜誌創辦人，
《自由時報》專欄作家，凱達格蘭學校校長）

汪笨湖現象
衝擊台灣傳媒　　／曹長青

最近訪台和朋友聚會時，幾次都有人熱烈地談論汪笨湖的電視節目《台灣心聲》，尤其是台灣南部的觀眾，談到汪笨湖，幾乎有一種崇拜的感覺。一個剛剛創辦了沒多久的政治評論節目，怎麼會人氣那麼旺？

台灣新聞同行說，汪笨湖是當今台灣媒體大紅大紫的脫口秀新星，他主持的《台灣心聲》、《總統叩應》和《台灣叩應》三個節目，不僅居同類節目前茅，而且時常收視率全台灣第一。美國《華盛頓郵報》、《時代》週刊、《太陽報》，日本《朝日新聞》、朝日電視台等，最近都曾採訪汪笨湖，稱他的節目「開台灣媒體本土化之風」，已形成「汪笨湖現象」。由於汪笨湖的節目囊括了台灣南部50%以上的收視率，因此對總統大選有直接影響。

汪笨湖為什麼如此走紅？這和台灣媒體環境有直接關係。台灣雖在八〇年代末解除了報禁，但媒體仍主要被國民黨時代的權貴或財團把持，台灣人對此非常不滿，第一次是用「地下電台」抗衡，形成了草根性的民間輿論。電腦網路流行之後，人們開始製作光碟，傳播台灣人的聲音，像不久前的「光碟事件」就是明

顯的一例：一批本土派媒體和演藝人等，製作了一套光碟來諷刺統派政客。由於國民黨籍的台北市長馬英九下令封殺，激發本土派強烈反彈，結果反而使光碟暢銷全台。

這次的汪笨湖現象，可以說是台灣本土派的第三次媒體抗衡，因在此之前的台灣主要七個政治評論節目，全部都被統派人士把持，包括名嘴李敖、陳文茜、趙少康，以及李濤、李艷秋夫婦等。最近在台灣電視上看到李敖、陳文茜、趙少康等五人在台大舉辦的一場節目，李敖等人擺出對台灣人盛氣凌人的大中國架式，一口流氓氣。李敖說，如果民進黨的高雄市長謝長廷敢來辯

汪笨湖（左1）與曹長青（右1）與阿銘牛肉麵店老闆合影。

本土原味‧台灣心聲
笨湖 精彩一生

論，「我就宰了謝長廷」，還振臂高呼「打倒黃石城」（黃是行政院中央選舉委員會主委），讓人想到紅衛兵，或者街頭小痞子。台灣人，尤其是高雄等南部的觀眾，對統派壟斷電視媒體，對李敖、陳文茜等大中國情結的節目內容，尤其是他們那種居高臨下、一副蔑視台灣人的樣子，早就非常不滿，憋著一股氣，因而當汪笨湖出來用台語主持《台灣心聲》時，那份雪中送炭的效果可想而知。汪笨湖主持的戶外電視節目，志願現場觀眾常有二萬人之多，相當轟動。現在汪笨湖每週五天，每天主持三個電視節目（總共超過五小時），其效果可謂導引台灣的本土化風潮。

汪笨湖現象不是偶然的，它代表了台灣媒體的新走向，本土人開始發出聲音，並走向主流。像反映本土聲音的《自由時報》已成為台灣第一大報。而曾一統台灣報業天下的前國民黨中常委創辦的《中國時報》和《聯合報》現已降到第三、第四（《蘋果日報》第二）。這個新的媒體走向，預示著台灣的新前景。

——原載香港《開放》雜誌 2004 年 3 月號
（作者為中國旅美異議作家）

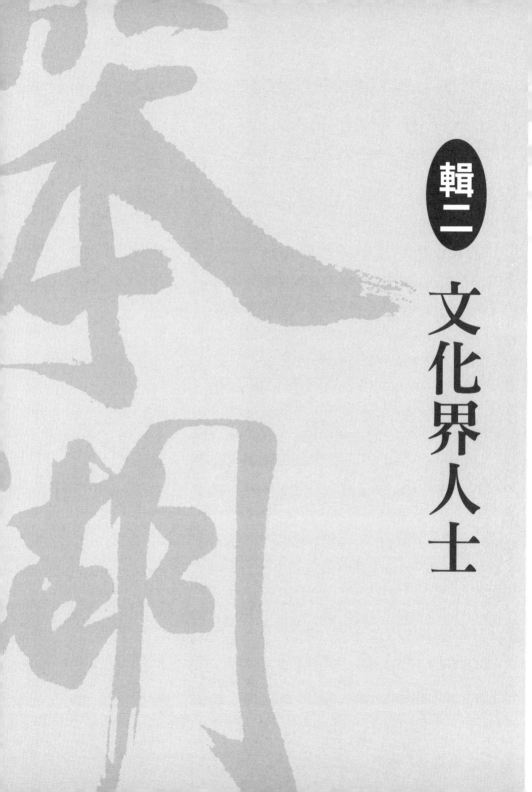

輯二 文化界人士

風中的名字
——列傳一遊俠：汪笨湖　　／李敏勇

遊俠在列傳裡
島嶼的風從北向南
冷空氣中一腔熱血

早春的時際
大地萌出新芽
番薯不驚落土爛
只要枝葉代代湠
是啊是啊
這是你生命的寫照

不是哀悼
而是敬意
北地的杜鵑血一般紅地開了
南方的木棉正準備綻放
都是土地的訴說
一言一語流露在花的形色裡

暖空氣中熱血沸騰
島嶼的風從南向北
呼應季節的變遷
繁花點綴綠色景致
映照燦爛的太陽光
襯托你飄升的靈魂

翻閱島嶼列傳
記載了你遊俠的身影
你的名字雕刻在風中

（作者為詩人，文化評論與翻譯家，曾獲台灣國家文藝獎）

你曾經帶來春天
—— 悼笨湖兄

／曾貴海

我們都有相同的羞秘身分
我們都成長在暗夜的旅程
許多人拿著火炬
共同走過生命的那段旅程
笨湖兄，我們曾經一起尋找日出

一波又一波的伙伴
像台灣的百合花
喇叭型的花身
遍佈高山和平原
在盛開的季節
吹送著土地的心聲與芬芳

本土原味‧台灣心聲

我們漸漸看到光
這裡那裡的光
台灣人尊嚴與自主的光
照亮珍愛的島國

你曾經是春天的那朵百合
你曾經是拿著火炬的人
見證了這個時代的希望
也像島國四周的浪濤
如今還訴說著共同的夢

（作者為居住高雄的詩人，《台灣文學》雜誌創辦人）

土地裡的根
——送別汪笨湖　　　　　　／金萱

在那樣黑暗和烏雲高壓
尚未破曉的詭譎時刻，新生的心
匍匐偎在母地的胸脯上
和笠下農夫一樣謙卑
頑強

摀著心臟，以跳動的心房
迎向狂暴風雨，面對蹂躪和踩踏
傷痕累累的脊背
因為天然的野性，而蔓延遼闊
而壯大，而蓄勢待發

你已化作一場春雨
灑遍福爾摩沙的島嶼
安靜的雨水直抵胸膛
在此，與你再相逢
耳語交談、彼此開講，在地的台灣心聲

你是草地狀元，我們是土地裡的根
因為被剷除被消毒而有免疫力
我們聚斂、鼓氣，感覺到光源
應允，要在母土無私哺育的軀體裡
不斷繁榮堅實

我們已在春天的壤土抽芽
長出亮綠的葉子
我們會長成禾芒長出一片稻田
長成一棵樹一座森林
長成台灣百合和遍地的太陽花

註：《草地狀元》是汪笨湖所著小說，並拍成連續劇。

（作者為詩人，曾獲「吳濁流文藝獎」現代詩首獎、
大墩文學獎散文首獎、南瀛文學獎兒童文學首獎等）

那活在
咱心中的義人

／陳銘堯

喔！鄉親！

喔！同胞！

不要哭！

在那裡，在咱心裡

他不是站得高大筆挺的嗎

喔！同胞！

請不要爲了一時的挫敗

喪失鬥志

也不要爲了這無情的夭折

對上天失望

請忍住哭泣

爲了你我都懂的尊嚴！

爲了咱都知道的目標！

喔！同胞！你看

他不是站得筆挺

而且面帶他那無畏無恨的台式微笑嗎

喔！鄉親！

咱似乎聽到他剴切的鄉音說

請擦乾眼淚！鄉親！

咱獨立建國的路途還很遙遠

咱要勇敢站起來！

喔！同胞！

他沒有死去

只要真理沒死！

他不會死去

只要台灣不死！

只要咱仍然戰鬥！

（作者為居住台北的詩人，出版有詩集《想像的季節》、
《夢的三樓》，及詩論《詩人札記》等）

獻給你

/陳銘堯

朋友！我的朋友！
請容我獻上我自己

這是我的腿
曾經伴你而行
也曾賭氣一意孤行的腿
曾經爬上險峻的山嶺
曾經越過死亡的陰影
昂然挺立
不隨便屈膝的腿

這是我的手
有著纖細神經的手
曾經在紙上爬行
曾經為悲劇掌燈
寫著詩的手

請看仔細，這是我的手
曾經做過苦工
心甘情願帶著光榮感
乾乾淨淨的手
請記得我們互相握住的剎那
在翻過命運的一頁時
它們曾經顫抖
躍動著我的脈搏
從我那顆稚嫩的心臟
傳遞少年的頻率

請看我的眼
它不能隱藏我的悲哀
請原諒我，朋友
我無意在這艱難的世間
散播痛苦
但我對你既不訴苦也不隱瞞
請看著我的眼
它們幼稚而天眞
你曾如此責怪我
但我知道你必不恥笑
這永遠長不大的眼
只因它們看過神聖無邪的美

朋友！請讀我的眼！

這是我的血
鮮紅而潔淨
我的食物來路清白
有宗教般的戒律
我自己的宗教

請看這鮮紅而乾淨的血
它在星光中　在月光中
在莊子　貝多芬　蕭邦中醞釀
且讓我們飲盡這生命的苦杯
我們的生命鮮紅乾淨而芬芳！

（作者簡介同前）

悼念
笨湖兄！

／王明哲

　　驚聞笨湖兄病逝，內心一陣不捨，正是人生最燦爛時期，卻如櫻花般凋零，雖然淒美，卻也符合作家性格！但是在建國路上，已經少了您的同行，難免落寞！

　　回想起「笨湖旋風」，席捲了台灣頭到台灣尾，豐富之俚語衝破長期被壓抑的台語藩籬，讓台語吹起一陣旋風，那是《台灣心聲》的全盛時期，在那裡看見您對台灣的心、鄉土的愛，那獨特的台語、充滿台灣味的肢體語言，在腦海中久久盤旋不去，雖然您已離開，但是我們深信：在天家的您依然守護台灣、看著我們為建國努力，直到成功。

　　「建國戰士」不用告別！沒有感傷、憂愁，只有歡笑，留下瀟灑的身影……

　　　　　　（作者為作曲家，創作有《台灣》及《海洋的國家》等名曲）

他捲起一股
媒體超級旋風

/彭錦陽

　　汪笨湖先生的匆匆辭世讓我們十分震驚與不捨,他曾經捲起了一股媒體超級旋風,扮演了「台灣人民心聲」的重要角色,我與媒體友人曾與他共餐過,席間言談舉止中直接感受到他的土直與霸氣十足,從2004年心目中的「叢林大象」到2005年「敢啼公雞」是我在《自由時報》「自由廣場」兩度文圖描繪他的漫畫形象,相信不少讀者也會永遠記得他的聲影,不時懷念著他。下面是我當年發表的圖文並「解」他的兩篇文章。

汪笨湖——電視叢林裡的大象

　　電視叢林裡的大象,塊頭大,份量重,當他發出震天吼聲時,一般叩應節目相形失色。戶外開講更是勁爆,台上台下高潮不斷,連貴為總統的阿扁與阿輝伯都是答問主角, 讓參與的老百姓在大吐心中鬱悶,一起駭翻天。

　　黝黑的皮膚、高大的身材、宏亮的聲音、下港人的草根性,政論節目《台灣心聲》主持人汪笨湖,彷彿全身土色的大象,突出的嘴巴動起來宛如象鼻般東探西探,他特別喜歡用激將法,導

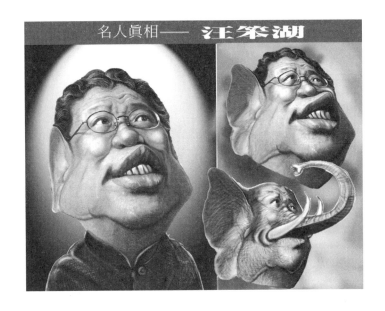

引答詢者吐露更多的「千古奇案」，讓觀眾聽得過癮。320大選前後，泛藍陣營的種種抗爭，激起他這頭大象高分貝的長嘯，牽引一大群泛綠觀眾跟著怒吼。超高的收視率讓電視叢林震撼，讓泛藍陣營氣得牙癢癢的，《台灣心聲》的成功故事還獲得國外媒體大幅報導。

——原載《自由時報》2004 年 4 月 12 日

汪笨湖——敢啼的公雞

在越淳樸的鄉下，歐吉桑、歐巴桑對公雞報曉的依賴與喜愛

就越深刻。雞啼聲比鬧鐘還管用，不但一啼再啼、夾有高低旋律，還感染鄰近雞隻群起呼應，努力喚醒拿鋤頭、挑扁擔的甘苦人迎接新的一天；這情景，讓我們聯想到《台灣心聲》汪笨湖。

　　這個做滿一千集、唯一以台灣主體意識、堅持以台語發音的政論節目主持人，活像一隻高分貝的公雞，塊頭粗大、嗓音也大，不管是在螢光幕裡、還是在戶外開講場上，總是雄赳赳、氣昂昂的撩起阿公阿媽對台灣政治的熱情與關切；尤其是在數次大選前傾全力為本土政權發聲，天天邀請各階層來賓一起評論時

焦點人物　文/圖　彭錦陽

事，最可貴的是：節目不只對在野黨、對中國批判，連執政黨、陳總統、謝院長有失策的地方，也不客氣予以譴責。

這麼本土、這麼耿直、這麼廣受聽眾熱愛的《台灣心聲》，居然被迫停播；究竟是執政當局視汪笨湖這隻「大聲啼」公雞有散佈「本土政治禽流感」之虞？還是電視台利益掛帥，悍然甩開本土名嘴，斷絕與中南部台語觀眾的珍貴互動？

——原載《自由時報》2005 年 12 月 6 日
（作者為漫畫家）

敬悼那帶我跨出鍵盤
第一步的汪笨湖
/管仁健

　　大部分的人認識我管大，是在網路上看了我的部落格「你不知道的台灣」，少部分的人認識我管仁健，則是看了我的那三本系列叢書《你不知道的台灣》。但還是有極少數的人認識我，是來自電視節目。

　　雖然人人都知道我是「寫的比說的好，說的比長的好」的鍵盤小五郎，但像我這樣的一個人（謎之音：先生，你掉了一個渣）也能出現在電視上，就一定要感謝那帶我跨出鍵盤第一步的恩人──汪笨湖先生。

　　我與汪董素不相識，生活中也難有交集，雖然相互看過對方的小說，但進入中年後，我們都不再發表小說。2011年10月，汪董在台南的番薯電視台已開播，有一天我很意外的接到汪董特助陳小姐的電話，她說汪董想請我做節目。

　　一開始我以為只是個談話性節目需要來賓，可是追問後才發現，原來汪董想為我量身打造一個談論台灣史的電視節目。我的長相抱歉、口條又超差，就算是上電視，也是一天打魚，半年曬網，比我合適的名嘴車載斗量，怎麼輪得到我？

　　然而汪董不死心，為了讓我放心，他甚至說要自己跳下來串

場，給我完整的一小時，每一集就好好的只談一件事。在他的鼓勵下，《台灣CIA》就這樣開播了。YouTube上還有一些我們當年一起打拚的畫面。

雖然後來番薯台因爲種種原因停播，但我每年都還是至少一次南下拜訪汪董，暢談從年輕時熱中的小說，到中年後成天鑽研的文史掌故。想到「世有伯樂，然後有千里馬。千里馬常有，而伯樂不常有。故雖有名馬，祇辱於奴隸人之手，駢死於槽櫪之間。」

要跑，我跑不了千里，要吹要捧，我也吹捧不了千里。但如今能倖免駢死於槽櫪之間，自然是要感謝不吝提拔我的伯樂。多年後拜訪汪董，我才冒昧問他，當初究竟是看了哪篇拙作？才特意要來邀我。

原來汪董的舅舅黃金來，自幼聰慧且成績優秀，日治時代不滿殖民政府教育上的差別待遇，堅持要就讀上海交通大學，外婆不讓他去，兩人爭執，舅舅就爬到村子裡最高的樹上不下來，外婆只得在樹下哭求：「好啦！讓你去讀書啦！快下來，會危險！」

黃金來去上海交大念了一年，就因戰爭爆發而回來讀台大。戰後留學美國，又因參加台灣民主運動被列入黑名單，終生不能回來而客死異鄉。

汪董舅媽「美蘭」的故事也很曲折。黃金來在台大時認識了同學的妹妹，來自屏東內埔的客家女性，不但長得漂亮又會持家，而且慷慨大度，汪董他們這些後輩都蒙受其照料。

可是汪董自幼就有一個疑問，他舅媽一隻眼睛失明，小時候很天真，他問舅媽爲什麼會這樣？舅媽就開玩笑地說：「小朋友

要用功，不要整天看電影，舅媽的眼睛就是看電影時被人用手榴彈炸瞎的。」

汪董當然不會相信美蘭舅媽這麼「瞎」的理由，可是他看到「你不知道的台灣」部落格這段記載後：

> 1954年1月24日，高雄市光復戲院24日下午四時十分散場時，二樓太平門附近突然發生爆炸，一時秩序大亂，當場死亡者周長勝一人，重傷十二人，其中胡茂星送抵醫院後即不治身亡。

至此他才發現：原來這個改變小老百姓一生的「重大」事件，一個老兵自殺，在別的台灣史相關書籍裡絕不會提到，卻在我的文章裡找到了，因此他才會力邀我來《台灣CIA》，甚至要為我跨刀，他希望藉此鼓勵我繼續寫作，讓台灣庶民史更豐富些。

我和汪董的家人一樣，很不捨他在最後這段日子，經過了這麼辛苦的治療後仍離我們而去；但另一方面，我也要再次很喜樂的在此向大家宣告，我們親愛的汪董，已經跑盡了他當跑的路，打過了他該打的仗，如今他安睡在主的懷裡，不再有痛苦、不再有眼淚，等待我們在那一日重逢。

（作者為文史工作者）

回憶笨湖仙仔的
一些事

/葉柏祥

　　阿扁總統執政時期，我在《台灣日報》服務，有一天寫了一篇方塊文章，稱讚汪笨湖在電視上主持的《台灣心聲》節目，講出台灣人的心聲，過不久，就接到笨湖仙仔的來信，除了感謝給予肯定外，還送了他寫的書，那時候就知道他是一個多產的作家。

　　那個時期，他的《台灣心聲》是許多台灣人每天必看的節目，我在《台灣日報》工作，晚間是最忙的時刻，可是他的節目，每天一定要看，因為他高舉台灣主體性的旗幟，與《台灣日報》的立場一致，當時統派媒體勢力強大，《台灣日報》與《台灣心聲》立場鮮明，我會撰文推薦《台灣心聲》，大概是有很濃厚惺惺相惜的味道。

　　《台灣心聲》節目，雖然也是政論性談話節目，主要是討論時事議題，可是時常會有專題性的企劃，針對人物做深度的訪談，在談話性節目中很特殊，因為一般的談話性節目，都是坐滿一整排的來賓，一個人講不到多少話，像汪先生這樣專題性的訪談，極為少見，節目要有足夠的內涵，當然也考驗著主持人的功力與火候。

《台灣心聲》大受歡迎，除了本土立場鮮明，最主要也是汪先生的主持功力到了爐火純青的地步，備受肯定。有一段時期，《台灣心聲》節目走出攝影棚，到廟口去開講。他濃重的鄉土風格，對上許多本土民眾胃口；走入人群的做法，使得節目的收視率節節高升。記得有一次假日，我坐編輯台上，把《台灣心聲》第一次到廟口去開講的新聞，做成頭版新聞，得到讀者很不錯的迴響。

　　後來他到台南市創辦台灣番薯台，剛開始是走深度訪談路線，一位來賓專訪二個小時，我曾多次受邀上節目，電視台新開播，設備與裝潢都很新，可以看出他很用心經營，後來他邀請許多挺扁人士上節目，造成挺扁風潮起來，台灣番薯台更受到人們的注意，一下子就打開了知名度。

　　很不幸的，台灣番薯台後來還是撐不下去，傳出了笨湖仙仔生病的消息。這段期間，他並沒有忘掉對台灣社會的關心。我創辦《婉君嗡嗡嗡》雜誌時，他得知後，慨然訂閱一年，以示支持。他不時會打電話關心，有一次，我還接到汪先生寄贈的日本青森蘋果一大盒，特別與汪先生通電話，他有爽朗笑聲，還說自己可以為台灣做很多事！他也很關心我的書店經營狀況，還說要幫忙募款，讓書店持續下去。真是感謝他的關心！

　　回憶那段在台灣番薯台上節目的日子，歷歷在目！我們以捍衛本土、救扁為矢志。

　　記得有一次，他還說，要到我的書店演講，言下之意，對目前的執政團隊，有些意見，他有話要說。我曾提議，由費邊社來

出版他的精選集，或是他的回憶錄，可惜不久他就住院了，對這一位壯志未酬的朋友，我實在感到遺憾與不捨。

（作者為《費邊社》文創總編輯）

懷念《台灣心聲》
電視主持人

／曹純

　　汪笨湖先生走了，長青兄邀我寫篇悼念短文，那一刻我馬上想到廖中山先生，因為1999年廖先生過世後，我曾為文紀念，而這兩位都是只活到六十多歲、都不認識我的台灣民主鬥士，卻是啟發、進而全盤改變我政治理念的精神導師。

　　1997年我回到睽違七年的台灣，一時間還無法適應政治丕變後的社會氛圍，是廖先生刊登在《自由時報》「自由廣場」的文章讓我幡然覺醒。隔年，陳水扁市長以極高施政滿意度競選連任，結果竟以失敗收場，這令我更警覺到台灣統派幽靈遺緒之嚴重性。雖然兩年後陳水扁先生當選總統了，但藍營隨即而來鋪天蓋地的追殺反撲，著實令人憂心絕望，這樣的心情直到2002年汪笨湖先生主持的《台灣心聲》開播後，才終得以稍釋開懷。

　　大家都推崇汪笨湖先生激勵了南台灣的民眾，殊不知他教化了更多天龍國的所謂「知識分子」。當我回國時，台灣電視頻道已由有線老三台變成無線百家齊鳴，我一時無從選擇，最後是汪先生道地台灣話的本土論政吸引了我，並從此成為我家每日必看的電視節目凡三年之久。

　　身為一個從小長住台北的台灣人，我幾乎沒有聽講母語的機

會。汪先生那鏗鏘有力的語言溫潤了我的失落徬徨，讓我重拾做為台灣人的信心，也凝聚了台灣人民團結的向心力，茲以一則小故事做為印證。

記得當年有一天，尚就學中的幼子對我說：「我們班上同學的媽媽每晚都跟你看一樣的電視節目耶，如果錯過了，就等半夜重播。」我問了那同學的名字，拜訪她媽媽，並結為好友，進而組成綠營媽媽團，不論募款或遊行，竭盡心力支持台灣獨立建國活動。

感念汪先生對台灣民主的付出與貢獻，相信他已安息主懷。

（作者為台灣「水噹噹」會員、「北社」社員）

悼念
笨湖兄

／范立達

　　突然看到新聞，始得知汪笨湖病逝的消息。

　　回想起過去當新聞評論員的歲月，曾多次上笨湖兄的《台灣心聲》，那時，節目錄影地點在高雄市的八五大樓，而高鐵還沒通車。每逢錄影，製作單位都會貼心幫我們訂好台北、高雄來回機票，並到小港機場接我們到錄影現場。這樣的規格，放眼所有電視台，放眼所有談話性節目，只有笨湖兄做得到！

　　笨湖兄外表有濃濃的鄉土味，為人義氣又豪爽，但其實心思細膩，很注意別人的一舉一動，一點也不自我。在節目中，我和他觀點時有不同，甚至常常當面否定他的看法，但他從不以為忤，而且還常常在廣告時間鼓勵我，要我暢所欲言。他對來賓的尊重，超過很多很多大牌主持人。

　　後來，他的節目停播，我和他的互動也就變少了。幾年前，他太夫人過世，我得知消息後，趕往台南，到靈堂前捻香祝禱。笨湖兄看到我來了，一臉感激，話都說不出來。但我認為，朋友相交，貴在知心，就算淡如水亦無妨。撇開立場和利益的包袱之後，剩下的，就是相互間的尊重與欣賞，這才是最重要的情誼所在。

這幾年，從新聞上看過他的許多風風雨雨，功與過，是與非，現在都只能留予外人說。不變的是，在我心中，他依然是那位豪爽又重感情的義氣男人。

　　一路好走，笨湖兄。

　　　　　　　　　　　（作者爲媒體人，本文原載作者臉書）

台灣人的一代豪傑之士
── 汪笨湖

／林衡哲

　　台灣人之中，愛國愛鄉的豪傑之士不少，而汪笨湖是最令人難忘的一位豪傑之士。

　　我跟汪笨湖並沒有深交，只是在2002年我不務正業「棄醫從文」，到他的故鄉台南，受許添財市長之邀，做了一年文化局長時，曾經與汪笨湖同住一棟大樓，那時我們才開始過從甚密起來。後來我專心創辦望春風文庫時，他曾經一度來找我尋求合作出版事業。三立電視台剛開始成立時，他創作的《阿扁與阿珍》連續劇風靡一時，為日後的三立創下汗馬功勞，打下穩固的基礎；阿扁總統二次當選總統，2000年時，李遠哲主導的國政顧問團功勞最大；2004年阿扁連任，以228數百萬人手牽手運動，喚起台灣意識功勞最大，其次是汪笨湖的《台灣心聲》節目戶外call in，那是他在台灣媒體界影響力最大的時刻。他用第一流的台語，說出台灣南部人的心聲，甚至也影響到北部的聽眾。

　　當陳水扁總統一度與李登輝總統不和時，汪笨湖也一度批評過陳水扁總統，但是當陳水扁總統下台後，受到迫害下獄六年期間，最賣力在救援阿扁的也是他，那時他對阿扁的維護，可謂仁至義盡。阿扁也算是懂得感恩圖報的人，在汪笨湖病重時，曾二

度到成大醫院探望汪笨湖，留下一段永恆的情誼。

　　汪笨湖也是寫「電影劇本」和「電視連續劇」的高手，大約有五、六部電影，都因採用他的劇本而出名，很可惜我做文化局長時，因爲經費的限制，沒有機會邀請他寫《八田與一傳》、《福爾摩沙的呼喚》、《蔣渭水傳》等電影劇本，留下永恆的遺憾。

　　我在台南住了二年後，搬回去台北，暑假回去美國避暑，就沒有再與汪笨湖連絡，但是仍然不時在看他與王永慶之子王文洋合作的「番薯電視台」。很可惜他晚年主持的電視節目淪於one man show，一個人每天五小時，沒有廣邀天下台灣文化的豪傑之士，共襄盛舉，就漸漸失去了影響力和個人魅力。

　　後來因爲他過分維護陳水扁和批評王雪紅，使得王文洋不得不關閉「番薯電視台」，一代豪傑汪笨湖，英雄無用武之地，居然做起賣水果的生意。因爲他送給大家的可能比賣出去的水果還多，因此他的生意可能是賺不了錢。

　　汪笨湖的洛佬台語是一流的，中國異議人士曹長青當年多次受汪笨湖之邀，參加《台灣心聲》節目，他回憶道：「印象最深刻的是汪的節目戶外開講，現場幾千名觀眾，汪笨湖掌控全場情緒的能力，全台灣政論主持人沒人能達到這個程度。」我完全同意曹長青先生的看法。可惜當年本土電視台沒有邀請他主持台語節目，是台灣媒體界的一大損失。

　　汪笨湖出身台南縣的地方望族，他的舅舅黃金來教授，是美國肯薩斯州立大學曼哈頓分校的名教授，這個大學以培養台灣獨

立運動健將而出名，在七○年代甚至有人稱此校爲海外台灣人的黃埔軍校，而黃金來教授是當地台灣人社團的龍頭老大，我在加州催生台灣出版社專門出版台灣禁書（例如彭明敏的《自由的滋味》、吳濁流的《無花果》等），只要黃教授登高一呼，便會馬上成爲肯薩斯台灣人社區的暢銷書，因此特別懷念他。

台灣電視史上最令人難忘的節目之一，是汪笨湖主持的《台灣心聲》，這個節目標榜「百分之百本土原味政論節目，抓妖、嗆聲、說眞話，檢驗所有政治人物，走透台灣基層，跟人民借膽，向總統府發聲。」汪笨湖以草地人模式主持節目，並大量使用台灣鄉土俚語，非常親民且幽默風趣，以活生生的故事表達他的政治立場，充分展現他的個人魅力。汪笨湖在節目中塑造的「本土意識」，在南部造成轟動，並且蔓延到中部及北部的聽眾，最後甚至爲陳水扁總統的連任之路助上一臂之力。

資深媒體人楊憲宏，在分析《台灣心聲》爲什麼會轟動全國時評論說：「主持人汪笨湖是《台灣心聲》的原創者，他這個節目，用台灣話說國家大事，是許多視台灣話爲國語的人心中的驕傲，《台灣心聲》在汪笨湖的戲劇化手法下，讓許多台灣人感受到台灣話的眞善美，而且發現用台灣話論政更有力量。」

但是不知何故，2005年12月4日當汪笨湖宣佈，他主持的《台灣心聲》正式全面停播時，也同時結束了他在台灣媒體界呼風喚雨的黃金時代。後來華視總經理江霞邀請他去華視主持政論節目《台灣起動》，他還一度主持台灣藝術電視台政論節目《笨湖開講》。再後來，在王文洋資金援助下，汪笨湖在台南開辦番

薯電視台（擔任董事長），在該台主持多個政論性節目，等於東山再起。但最後很多原因，導致電視台被關閉，這裡有虧損因素，有汪笨湖在節目中批評王文洋胞妹王雪紅因素，還有汪本人的深綠政治立場等等，當然還有王文洋可能受中共壓力，不得不解除汪笨湖董事長的職務。

一代豪傑之士的汪笨湖，一旦失去媒體的舞台，他心情的鬱悶，可想而知。不久，汪笨湖在成大醫院接受手術切除大腸癌，並進行化療。幾年後他再度住進成大醫院，被診斷罹患「骨髓化生不良症候群」。

晚年他投入耶穌基督的懷抱，並在生前簽署「安寧療護意願書」，珍惜國家醫療資源，最後終於安息主懷，結束他多采多姿，為民喉舌，為台灣民主前途而奮鬥的一生。

在最後生病期間，陳水扁、呂秀蓮、陳菊、賴清德等政壇人士都來探望這位一代民主鬥士，去逝之後，蔡英文總統也表示不捨。安息吧！我們大家都懷念的一代台灣豪傑之士——汪笨湖，期待天國之路一路好走，更希望他的親愛家人能節哀自重。

（作者為文化評論家，望春風出版社發行人）

想起汪笨湖，
想起《那根所有權》　／鄭秉泓

　　《那根所有權》用最直截了當的方式，表達了八○年代台灣人的困惑、追尋、滿足、焦慮、失落，還有遺憾。汪笨湖的文字創意，呂繼尚和張智超的影像詮釋，以最基本的人之初性事做為故事的起點，再以浩瀚的國家主體認同、巨大的人生哲學來做結，道盡了台灣上個世紀最難以忘懷的集體記憶與鄉愁——唐吉訶德一廂情願挑戰「風車巨人」的理想主義。

　　身兼作家、編劇、資深媒體人及政論節目主持人等多重身分的汪笨湖，因罹患「骨髓化生不良症候症」，在農曆年前住進成大醫院接受治療，2月16日早上辭世。我忽然想起多年前汪笨湖在籌備台灣番薯台時（對，就是那個後來與王文洋鬧翻的台灣番薯台），我因緣際會和他吃過一頓飯，他說要在番薯台幫我開一個電影節目，我把他當成社交辭令沒有太在意，不過後來還真的收到番薯台製作單位邀請去詳談的訊息，只不過我覺得自己不太適合所以婉謝了。

　　汪笨湖的本名是王瑞振，他出身地方望族，他的家族原希望他當醫生，但他執意選讀哲學系，退伍後接掌家族事業，卻經營失敗而因違反《票據法》入獄，在獄中開始寫作，以「汪笨湖」

為筆名陸續發表《落山風》、《嬲》、《那根所有權》等多部小說。出獄之後，他一度浪跡日本、中國，因無發展機會而返台，後在小野引薦之下進入影視圈，在往後的十多年間，他的小說相繼改編成電影和電視劇。

電影方面，包括威尼斯影后姜受延主演、黃玉珊執導的《落山風》（1987），何平與李道明各別執導的兩段式電影《陰間響馬‧吹鼓吹》（1988），金馬影帝陳松勇主演、張智超執導的《那根所有權》（1991），以及美商華納在台成立「華納亞洲」發行第二彈（第一彈是楊德昌的《獨立時代》）、王獻箎改編自《嬲》的《阿爸的情人》。電視部分則有金城武初試啼聲的《草地狀元》（1991）、港星黎燕珊跨海助陣的《廈門新娘》（1995）、讓楊貴媚榮獲金鐘影后的《天公疼好人》（1997）、改編自《台灣豪門爭霸記》的長壽劇《舊情綿綿》（2005），此外他也為電視台策劃了《兄弟有緣》（1994）、《驚世媳婦》（1995）與《阿扁與阿珍》（2000）數檔膾炙人口的連續劇。

不過，汪笨湖這三個字真正深入人心，應該不是上述影視作品（畢竟多數觀眾不會在意原著作者或是幕後推手是誰），而是他在本世紀之初所主持的《台灣心聲》，一個標榜100%本土原味，打著「抓妖、嗆聲、說真話，檢驗所有政治人物」口號，走透台灣基層，跟人民借膽，向總統府發聲，掀起現場開講熱潮的政論節目。

汪笨湖在《台灣心聲》中，以「草地人」自居，他大量使用鄉土俚語，強烈的主觀立場，自有其魅力所在，但是他大打「本

《台灣豪門爭霸記》被改編為華視八點檔連續劇《舊情綿綿》，電影《那根所有權》、《阿爸的情人》等片同樣改編自汪笨湖原著。

土意識」牌，將之無限上綱，用意識型態來簡化、操弄議題，刻意激化藍綠雙方對立的「南霸天」作風，也屢屢引發爭議。

　　汪笨湖是個轟轟烈烈的奇人，是那種可以讓大衛歐羅素（David O. Russell）拍成一部類似《翻轉幸福》（Joy）那種傳記電影的奇人。我承認，我曾有一段時間非常鄙視汪笨湖，因為受不了他那種極度操弄群眾情緒的激情語調；不過我也必須承認，我有一陣子對他的主持風格上了癮，當時我在英國唸書，人在異鄉，每每政治焦慮症發作，總是不由自主地在網路上天天收看他主持的《台灣心聲》，因為我需要那樣的激情，即便我知道它非常淺薄，但正是那樣的淺薄，為我的焦慮提供了一個排解的出口。我享受著汪笨湖在節目上的種種話術與表演，理智上我應該要抗拒它，但是在某種情感傾向上，我卻從中得到一股快感，那股快感大抵和吃飯時配三立民視狗血八點檔的爆橘式無負擔的爽快無異。

（作者為作家）

輯三

學界人士

他的「善變」基於
一種是非之心

／李筱峰

　　臉友傳來汪笨湖兄過世的消息，我強忍著哀痛不敢掉淚，因為我正好眼睛感染疱疹，數天來眼球已刺痛難堪，不能再流淚傷眼。然而想起「笨湖仔」那豪邁的神情，爽朗的笑聲，尤其是對台灣前途的奔命呼號，如今都已消逝而去，我的眼淚終究忍不住奪眶而出。

　　我與「笨湖仔」平日並無密切往來，論私交，可說是「君子之交淡如水」。但是由於他多次邀請我上他的電視政論節目，我也經常看他主持的節目，親炙他的熱情爽朗，感受他的正義耿直，體會他對台灣的深情摯愛，對民主前途的關切憂心……，就自然產生共鳴與神往，因此我和他這種君子之交，卻有著深切的神交。我想起殷海光教授和學生朋友互相勉勵的一句話：「內心深處相通，始覺共同存在。人海蒼茫，願天下有心肝的人，彼此互相溫暖。」而今，又走了一位有心肝的朋友，少了一份互相取暖的溫馨……。

　　笨湖仔有很多特點，難以盡述。其中有一特點，可能有人不以為然，認為他「善變」，我倒認為是他勇於修正自己，他的變，是基於一種是非之心。例如，他相當肯定李登輝前總統對台

灣民主化的影響，當有人侮辱阿輝伯時，他出面抗駁，連阿扁批評阿輝伯時，笨湖仔也不客氣指陳；扁珍家族爆出海外存款時，他也一度不以爲然而有所指摘。然而當阿扁一連遭受藍營藉司法進行政治迫害時，他仗義執言，挺扁到底。這種心理的轉折，讓我心有戚戚焉！

有一次我上笨湖仔的節目，在談到陳菊市長時，他出現了一些人身攻擊的情緒字眼，我深不以爲然，因此在中場休息時，我向笨湖仔提出抗議，我對他說：「笨湖仔，你用這種字眼形容阿菊仔，不應該，有失風度，我希望你下半場一開始就要道歉，否則我以後不再上你的節目！」笨湖仔當場立刻認錯。節目再開始時，他果然對著鏡頭鞠躬認錯，向觀眾及阿菊姐致歉，承認自己做了糟糕的示範！他如此認錯改變，是「近乎勇」的表現。

才華橫溢的汪笨湖，是文學家、政論家，更是許多台灣父老的代言人。才62歲的他，正可以爲台灣做更多事，卻這樣離開了。

我有幸在生命中曾與他交會！我永遠懷念，我們交會時互放的光亮，爲民主自由，爲台灣！

（作者爲台灣歷史學者、評論家，
現任國立台北教育大學台文所教授）

懷念
笨湖先生

／陳昭姿、郭長豐

　　很多很多年前，每個週日晚上在某個八點檔連續劇結束之時，笨湖先生會給予當天劇情的評論，那是我第一次認識他。當時，我被他的文學素養與說書能力深深吸引，甚至，每天只想不要錯過他的評講時間。

　　《台灣心聲》節目開播，當時我擔任北社副社長，接受笨湖先生邀請，多次遠到高雄上節目，在那個還沒有高鐵的時代，只能搭乘隔天早上的飛機回來上班。但是，身為他的來賓，我未曾拒絕且感到榮幸。陳總統卸任後被政治追殺，當時原來相對親綠的各種媒體，對扁案不是避而不談，就是參與批判，尤其是初期。陳總統在獄中被凌虐而致重病，2012年春天，我們成立了民間醫療小組，企圖搶救陳總統保外就醫。期間，每天晚上的《笨湖開講》節目，醫療小組成員屢屢獲邀，親上節目或是電話連線，這個節目當時幾乎都是以救扁為主題，後來甚至還在棚內架設了一個陳總統當時所處的一點多坪黑牢。這個可移動的虛擬黑牢，在我們到處為陳總統的困境發聲，為輔選一邊一國成員站台時，就隨著出現在全國各地，讓許多目睹的台灣人深受震撼，流下痛苦疼惜的眼淚。

2012年9月12日，在缺乏妥善醫療照顧，被灌水2000c.c.，又拖延了將近一整天後，陳總統緊急入住署桃戒護就醫。與我們有交情的署桃副院長通知了郭醫師，我們從台北趕往桃園醫院時，我特地打了電話給笨湖先生的助理，讓電話直接進入節目現場，透過笨湖先生周告全國陳總統的支持者，馬政府竟是如此對待我們的台灣總統。我選擇笨湖先生，因為我確信他會也敢真心全力搶救陳總統。後來，笨湖先生與我們最常見面的場合，是為簽署「台灣中國一邊一國；扁案是政治迫害，應予平反」的一邊一國連線成員輔選的時候。

　　當金恆煒校長告訴我，笨湖先生罹患癌症，我第一個想法是接他到我服務的醫院來照顧，就如同當年照顧金校長一樣。但是，他的女婿是醫師，而他也在國立醫學中心接受治療，無論地緣便利性或是醫師技術能力，都是我們所信任的頂尖醫療環境，我也相信所有人都盡全力了。

　　笨湖先生離開了，我感覺將會有很長很長的時間，沒有人可以取代他或追隨其後。他的本土政治論述，他的文學寫作天分，他的說書講道能力，他那由衷的自信與態勢，曾經讓很多人被深深吸引，曾經讓很多人被完全說服。如今，他曾經壯碩的身影，他的聲笑言語，會永遠住在我們的心裡，那不僅是觀眾聽眾對表演者講者的思念，更是同志戰友同心與同命的連結。

（作者陳昭姿為「一邊一國行動聯盟」理事長，郭長豐為祕書長，
均為陳水扁前總統民間醫療小組成員）

台灣俠客
汪笨湖

/郭正典

　　汪笨湖本名王瑞振，是台灣的傳奇人物。我以前不認識汪笨湖先生，是因為參與陳水扁總統民間醫療小組，試圖救援陳總統後被汪笨湖邀請到他的節目中談扁案，才認識他的。在那個藍營對陳總統羅織入罪且落井下石，綠營切割陳總統且避之唯恐不及，媒體則搧風點火惟恐天下不亂的時候，汪笨湖先生願意挺身而出，大力聲援阿扁總統，呼籲台灣人不能坐視台灣人的總統被藍營政治迫害及綠營切割放棄，其膽識與義氣真令人佩服。汪笨湖是台灣少見的俠客，可惜英雄氣短，其挺扁義行因電視台被出資的金主關閉而中斷，其後又不幸罹患致命的疾病，終至辭世。

　　汪笨湖在阿扁總統當政時曾不假辭色地批判阿扁總統，狠罵「我看不起陳水扁」。2008年阿扁爆出弊案時，笨湖先生也曾嚴厲批評阿扁總統應該洗門風、向台灣人謝罪。但在阿扁總統卸任後被馬英九集團政治追殺時卻不怕得罪當道，挺身而出，在他擔任董事長的台灣番薯台特別開節目討論「搶救阿扁」的議題，並呼籲時任總統的馬英九應讓阿扁保外就醫。笨湖先生如此行事作風與一般政客逢迎當道卻打擊失勢者迥異，表示他是一位有為有守、黑白分明的正義之士，而不是眼中只有個人利益、毫無江湖

道義的市井逐臭之夫。但是堅持人間正義通常是很困難的。不久，電視台的金主王文洋先生因爲承受不了來自中國的壓力，在2012年12月17日無預警地解除笨湖先生台灣番薯電視台董事長的職務，讓笨湖先生的救扁壯志陡然畫下休止符。

2013年4月，笨湖先生被檢查出罹患大腸癌。這個大腸癌的發生是否和他被解除電視台董事長職務後的心情鬱悶有關，只有天知道。手術治療後，笨湖先生的病情一度穩定。2016年9月因爲高燒不退被成大醫院查出他罹患了「骨髓化生不良症候群」。這是一種血液細胞的疾病，可能演變成急性骨髓性白血病（AML），因此又稱爲「前白血病」，其病因可能是病人曾接受過放射性治療、化學治療等。2016年12月27日，笨湖先生病情惡化在成大醫院住院治療。2017年2月16日笨湖先生因病情惡化住進成大醫院加護病房，不久就過世了，享年63歲，比台灣男性的平均壽命還短。好人不長命，令人感慨。

扁案是台灣近年來最嚴重、最荒腔走板、也最無人性的司法迫害案件，其違法亂紀，違反程序正義的程度很不可思議，涉案的政治人物、檢調司法人員其無恥的程度也令人嘆爲觀止。扁案違反司法程序正義的部分有瞎扯海角七億、先押後審、押人取供、一再延押、傳訊三歲女童、小案併大案、中途換法官、教唆作僞證、以聲押恐嚇證人、高院自爲判決、自創只適用於扁案的「實質影響力說」等。扁案違反人性的部分有上銬羞辱、整天將人關在狹小空間裡、禁與他人互動、知覺剝奪、長期施予精神科藥物、趴地寫字、夜晚燈照、檢察官頻繁提訊、螞蟻咬人、灌水

施刑等。在國民黨恣意惡整，民進黨無情袖手時，笨湖先生拔地而起，全力聲援阿扁總統。若非笨湖先生當時在他的媒體上率先砲轟，加上濟濟台灣人的大力相挺，讓國民黨有所忌憚，不敢毫無止境地虐待阿扁，阿扁總統能否活到保外就醫恐怕都有問題。

　　阿扁總統在2015年1月5日獲得保外就醫一個月時，笨湖先生拖著病體赴扁家探訪。笨湖先生還嗆法務部在扁保外就醫的一個月期限到了之後如果要讓阿扁回監，「只有派坦克車過來才有可能接回去」。當阿扁總統確定不出席2016年5月20日總統就職典禮時，笨湖先生在臉書貼文分享與阿扁的合照，痛批「馬英九凌遲八年」、「陳水扁一根拐杖，褲藏尿袋」，相當心疼阿扁。而笨湖先生在2016年底發病住進成大醫院後，阿扁總統也曾特別到成大醫院的加護病房去探視這位昔日的老友，心疼他重病纏身。笨湖先生過世後，他的追思禮拜將於2017年2月25日下午2時在台南市天橋教會舉行。阿扁總統特地託人送去花和輓聯，輓聯是阿扁總統手寫的「悼念笨湖仙」：

> 笨鳥先飛引領台灣不忘向前行，
> 湖心臥龍企踵國人記得背後看。
>
> ——前總統陳水扁敬輓

　　阿扁總統和笨湖先生兩人相知相惜，情意互挺，令人感動。
　　從笨湖先生身上我們看到真正台灣人的有情有義，看到滯台支那人的凶狠惡毒與無法無天，也看到一大票民進黨人的無情無

義與懦弱無能。台灣幸虧還有笨湖先生這種有眞性情的人在，否則當台灣人還眞不是一件光彩的事呢。笨湖先生是台灣的俠客。期望笨湖先生在天之靈能夠不必再爲台灣的前途操心，得到解脫。台灣的事就留給現在及未來的台灣人操心吧，笨湖先生請安心地去吧，不必牽掛！

（作者爲台北榮總教研部主治醫師兼醫研科主任，
陳水扁總統民間醫療小組成員）

蠟燭兩頭燃燒
的奉獻

／李雪玫（Helen Lee）

　　我們活在這世上的時候，每個人的一生，就像是一部在長途的旅途中奔馳的車子。有些人車上只載著一個人，負荷量較輕，擔心的事也較少；所以車子就能維持較久。但有些人有很多才華也很努力地去發揮來服務大眾，如果又是富有愛心又急公好義的話，那每天似乎車上都載滿了乘客，必要時也常得超載。因此引擎就要經常非常吃力的轉動。耗損的透支特大，結果就容易出問題而無法維持太久。

　　可敬的汪笨湖先生，多年來他勤奮不懈的在寫作和傳播的領域裡，和台灣的大眾分享他的靈感和見解，感動和造福太多的民眾。而他敏銳的感受和深富同情心的正義感，使他能勇敢的站出來，為台灣的主權和人民的自由而發聲。

　　特別是在陳水扁總統下任後隨即受到政治迫害時，汪笨湖的俠義心腸，讓他挺身而出，來為阿扁總統伸張正義以期平反。他那宏亮有力的聲音，加上根據真理正確的分析，得到廣大聽眾的共鳴和感動。每次看完他的節目，心中就升起很多的希望和盼望。

　　在陳總統受難被押禁在人間地獄般的牢房，受到少有的極度

凌虐時，笨湖的節目讓所有心中鬱卒的人們，能散發對司法濫用的氣憤和不平的反應。但也因此，他的節目就受到殘暴加害者的威脅，乃就被迫關閉了。

從此許多關懷司法公正和人權的挺扁人士，似乎也面臨失聲和喪志的苦痛考驗。而汪笨湖長期的體力透支，加上精神上的極度打擊，使他原先高大強壯的身體，受到嚴重的傷害和耗損。他一生超人的努力和為爭取公義所付出的，就像一支蠟燭在黑暗中同時從兩頭一起燒。燃燒得也就較快，但也帶給台灣社會更多更強的光亮。

如今慈悲的父神上帝把他很疼惜的帶回祂的身邊，並將對正義勇為的汪笨湖說「信實奉獻服務的孩子，進入我的國度來」——馬太福音25:23。

而笨湖的「台灣的心聲」也將繼續在我們耳邊迴響著，帶給我們對他無限的懷念和感恩……。

（作者為美國內華達大學聲樂系教授）

汪笨湖的
勇氣及正義

/洪國治

　　本土作家、媒體人汪笨湖（本名王瑞振）在今年2017年2月
16日因病住進成大醫院加護病房，不幸病逝，享年63歲。前總統
陳水扁的兒子陳致中代父在臉書寫著「人生無常，生命有限，唯
情義永誌，齊為台灣民主打拚之情，霧夜黑牢雪中送炭之恩，我
不會忘懷」。

　　笨湖在八〇年代開始寫小說，是本土草根性的故事，其中多
項作品創作被改編拍成電影及電視連續劇。他也是一個政論名嘴
和著名主持人。

　　2002年他在年代電視台主持《台灣心聲》政論節目。《台灣
心聲》標榜「100％本土原味政論節目」，大量使用鄉土俚語，
以故事性表達立場，發揮其個人魅力。汪笨湖在節目中宣揚塑造
「本土意識」，與阿扁的本土教育政策相配合。在台灣南部爆
紅，成為「媒體南霸天」。2004年是大選年，也是獨派與傾中派
對立最激情的年代，該節目於2005年12月3日停播。

　　汪笨湖為台灣獨立的支持者，他在2007年民主進步黨總統提
名選舉中力挺台獨立場鮮明的游錫堃、批評謝長廷。汪笨湖說：
「民進黨不要再騙台灣人！民進黨是不是吃定了台灣人一定要投

給你們？沒有那麼一回事！（謝長廷）『憲法一中』跟馬英九『馬統一』，有什麼差別？」明指民進黨中國黨化。

汪與執掌中國黨政權的李登輝親近，是李登輝崇拜者，被外界視為李登輝子弟兵。連戰在2000大選中大敗，但是他卻逼李登輝辭下中國黨黨主席，之後再把李趕出中國黨。為表現及其影響力，李成立台灣團結聯盟黨（台聯），汪笨湖是強力的支持者。2007年11月，汪笨湖主持的台灣藝術電視台政論節目《笨湖開講》開播，批三立新聞台政論節目《大話新聞》攻訐李登輝與台聯。當年是第一次小選區兩票制立委選舉，民進黨與台聯立委選區喬不定，汪笨湖罵扁挺李，力挺台聯，並且數度批評阿扁欺負老人李登輝。不過，當紅衫軍之亂倒扁聲中時，他義無反顧的站出來，支持阿扁。

2008年扁案爆發時，眾多民眾包括知名本土人士在中國黨全面性以貪污腐敗宣傳和李登輝的傾馬反扁的影響，加上本土媒體噤聲，蔡英文民進黨黨政上下官員切割阿扁之下，汪笨湖公開表示指責陳水扁，說阿扁如果做錯了，就要公開洗門風。

但是一段時間後，他瞭解上了中國媒體和李登輝的當，瞭解阿扁是無辜、是受馬桶中國黨政權政治迫害，獨排眾議大力支持陳水扁，希望特偵組與法院應該秉持公正立場辦案，不要入人於罪。阿扁入獄後，受不人道待遇，生重病時，也呼籲馬桶應該重視陳水扁的病情，讓他保外就醫。2011年9月，汪笨湖擔任王文洋出資成立的台灣番薯電視台（台灣番薯傳播事業股份有限公司）董事長，並於該台主持多個政論性節目，以台灣番薯電視台

戶外電視節目，在各地民間拿著麥克風，向各地鄉親父老說明阿扁無罪，是受到政治迫害。

扁案發生後，在台灣本土派名人及政論名嘴中，汪笨湖是唯一由指責阿扁轉為強力且持續公開挺扁者。2015年1月6日，阿扁保外就醫日，在「壹電視」節目中，他全力支持阿扁，以實例說明阿扁在歷次選舉中，得到支持者捐款，而且阿扁夫人由商界人士所得的錢是政治獻金；他說民進黨黨政上下官僚拿到政治獻金，大罵他們無情無義。他譴責中國黨包括馬桶把所收商界的龐大金錢說是政治獻金，卻說阿扁夫人所收的政治獻金是貪污。他更說出李登輝幸好有守口如瓶的大掌櫃劉泰英，暗批諷刺他以前所挺的李登輝隨馬桶起舞，將阿扁落井下石。難怪李登輝對笨湖的死訊，僅低調表示哀悼。

笨湖台獨立場鮮明，但交友三教九流，包括傾中派者。他是唯一在政論節目中單挑或邀請中國派名嘴包括邱毅和唐湘龍同台辯論獨統問題及扁案的主持人。笨湖堅定挺扁及台獨立場，邱毅及唐湘龍在節目中遇到笨湖，平常口沫橫飛，說阿扁多壞，中國多好；遇到笨湖，嘴巴都涼了，最後不得不說阿扁應保外就醫或特赦，也說中國侵犯台灣時，站在台灣一邊。

汪笨湖一生多彩多姿，在不同的時間點所作所為，的確是一個令人感動尊敬的人。他的勇氣及正義原則，是一個本土派民眾及媒體人的典範。

（作者為大學教授，曾任美國台灣人同鄉會中西部區理事長）

成性存存
道義之門

／王泰澤

　　很多人都理解，政治是政府管理眾人的事務。但是，這以偏概全。在民主國家，政治有「另一面」更重要的意義，就是人民有權要求政府如何管理眾人的事務。

　　汪笨湖先生在他生前，就是極盡所能，推動這「另一面」政治意義的媒體人。他用道道地地的母語鄉土口音，藉戶內、戶外電視節目《台灣心聲》，雙管齊下：在語言上，讓政府知道，台灣民眾需要一個人人口操鄉音的本土社會。於是，他倡導了最難得、最自然、最有效、可惜是不太受注意的母語運動。在政治上，他積極鼓吹言論自由、結社自由，結合廣大台灣民眾，讓政府知道，台灣人要堅決擺脫不願順應民意的無能政府。此不願順應民意的政府，人民若反而授以大權、寄以厚望，會是威權政府的發端。

　　我年初1月8日，無意中向一位未曾見面的論壇同好說：「……記得汪笨湖嗎？他是頭一個鼓動民間士氣的媒體人。那時是鼓勵反國民黨集權的時代，民眾處於弱勢。現在民智大開，有《政經看民視》彭文正、李晶玉夫婦接應，轉型正義必可由下而上施壓進行。」所言「轉型正義必可由下而上施壓進行」，就是

勤耕基層現身草根的笨湖，生前未竟的功業。

那時1月上旬，我接觸的論壇，少有人提起笨湖已經病重住院。不料2月16日，即聞噩耗。我在當日論壇的PO文中，先引用前述1月8日的一小段話，繼著說：「就以此心，悼念汪笨湖先生千古。轉型正義，香火不斷。」

感謝金恆煒和曹長青兩位「台灣的湯姆斯・潘恩 The Taiwanese Thomas Paine」主編這本極具本土意義的「汪笨湖紀念文集」。長青在邀稿文中，不忘提及「當然，人無完人，汪笨湖先生也是有爭議的人。但是我們這樣做，不僅是悼念他個人，也主要是藉此傳播台灣成為正常化獨立國家的理念」！

誠然，「人無完人，汪笨湖先生也是有爭議的人。」

我可舉出一個實例，探「爭議」究竟。笨湖噩耗傳出，有論壇讀者說：「汪笨湖的確是一個令人感動尊敬的人。在馬桶政治迫害阿扁時，媒體噤聲，蔡英文民進黨黨政上下官員切割阿扁，眾多民眾，包括知名本土人士，在中國黨全面性以貪污腐敗宣傳洗腦之下，也隨之大罵阿扁時，笨湖獨排眾議，在各地民間拿著麥克風，向鄉親父老說明阿扁無罪，受到政治迫害。他的勇氣及正義原則是一個本土派民眾及媒體人的典範。」

這個友善簡評PO出後，爭議即刻發生。有讀者持相反意見，對上述引言真偽，反應說：「人已過逝，一切都是往事雲煙。我只是要說，你所說的好像和事實正好相反。請看這段影片：https://www.youtube.com/watch?v=HoujqdXiXFg。」

我做些網路查詢，得知正反比例懸殊。原來，上述笨湖對扁

案的正反評論，無可諱言，都曾經發生過，只是問題的癥結點是在「發生的時間點不同」。扁案發生不久以後，情況丕變，以致引起不同意見。上引2008年9月3日網路連結，笨湖在陳水扁爆出弊案初時，確曾「嚴屬批評扁應該洗門風、向台灣人謝罪」。然而，他後來理解司法不公，阿扁的「政治獻金」可惡其名爲「貪污」，而馬英九的「政治獻金」可美其名爲「匯款」等等，對阿扁的「貪污」已徹底改觀（「政治獻金」案於2015年6月18日特偵組公布，查無不法結案）。2012年4月16日，笨湖在番薯電視台《笨湖NEWS》上，訪問扁珍千金陳幸妤醫師，攝影棚背景就是阿扁備受煎熬，非人道極小牢獄空間的造型。 2015年1月6日，他在《政經限時批》上的一席話，以及同日他在《華視新聞廣場》和一名嘴同台對話，充分表達了他對扁案的反思與重新認識。無獨有偶，這和設於美國華府的人權行動中心，主任「人權先生」Jack Healey對扁案先鄙視、後幫助，如出一轍（Free Chen Shui-bian! 2015/7/14，YouTube）。

我和牽手在2007年拙譯《台灣：恫嚇下的民主進展》自序裡寫道：「我們都應奮力摒除流俗——不分時代，代代長時奉公守法；無論何人，人人隨時改過自新。」也可說是對扁案「先鄙視」的影射。

後來我確知司法不公而外，也受到蔡丁貴教授領軍徒步環島救扁行動，及台灣大地文教基金會一群媽媽志工們《送進黑牢的愛心餐：阿扁總統送餐日記》的感動，我了解了「惻隱之心」的真諦，也領略到「在人類胸中，沒有一種情操，比對高於自己者

的愛慕，更爲高貴」的滋味。

　　笨湖起初對扁案的理解，不是一成不變的「爲反扁而反扁」。一成不變的「反扁情仇」，是馬英九配合大法官，司法不公，陷阿扁於冤獄的威權手段。更是「高等外省人」泯滅良心，忘恩負義，藉威權侮辱台灣人的縮影。令人惋惜，如今在台灣大環境中，竟然還有人唱和國民黨的威權意識，「『無』正學以言，『務』曲學以阿世」，專事奉迎官場，以投「反扁派系」的喜好。

　　此文追悼笨湖，雖然難學他拍胸拍桌，但可學他口頭鄉音 Guá thán-pe̍h kóng（「我坦白講」台羅拼音）：

　　政黨輪替，尚無寧日。
　　點亮台灣？熄灰寶島？明暗此時還未顯目。
　　成性存存，道義之門。
　　保持現狀？走向獨立？笨湖生前留有引路。

（作者爲台美人學者、台語語言學家，
現居住美國俄亥俄州辛辛那提）

笨湖仙戶外開講
風靡台灣

/黃育旗

　　笨湖雖然不是您的本名，但您開口閉口都自稱我笨湖啊，親切無比，而我一向都叫你笨湖仙，卻萬萬想不到你真的這麼快就成仙，離我們而去，並已由金童接引西方樂，玉女相隨極樂天。但是，我仍然不願接受這是個事實！

　　回顧您那戶外開講時的前一句「咱台灣郎」，後一句「咱台灣郎」，提振了多少台灣郎的自信與自尊，風靡全台灣各縣市所造成的萬人空巷、萬頭鑽動、萬夫莫敵、萬眾一心，帶動了台灣人極高漲的台灣意識，留給後人無限的懷念，也將成為萬古流芳，無人能出你右。

　　您一生疾惡如仇，公存天地，心如明月，念念為庶民之福祉，猶記得2000年陳水扁當選總統，全台灣人莫不歡心鼓舞，您卻告訴我，高興一個晚上就夠，須知得天下不易，治天下更難，事後印證了您的高瞻遠矚，您畢生為造台灣千秋盛，公存萬世開太平的信念，我們將盡力為您完成心願，祝您一路好走！

（作者為台灣小留學生家長協進會秘書長）

讓人心疼懷念的
笨湖仙

／張葉森

　　笨湖仙2002年在年代主持《台灣心聲》，無論是人物系列報導、或是談論台灣的民主化與轉型、抑或是專訪表現卓越人物或是飽受苦難的人們，節目中充滿濃濃的台灣主體意識，他常常把節目現場直接拉到台灣各地做戶外巡迴開講，收視率屢創新高，鼓勵被欺壓數十年的台灣人勇敢的把心裡話說出來。對台灣土地認同感與主體意識的形成和建立，有莫大貢獻。

　　笨湖仙對台灣遲遲未能成為正常國家極為焦慮失落，他積極鼓勵後輩，引領出台灣民族意識，台灣意識的帶領與建設有莫大功勞，笨湖仙英年驟逝，他的離去讓大家錐心疾首、無限懷念。

（作者為醫師，現任台灣北社社長）

悼笨湖先生

／梁文韜

至情至性笨湖先生離我們而先走了，

剩下來的事大家就多加把勁去完成。

（作者為國立成功大學政治系教授）

輯四 宗教界人士

追思我們所敬愛的
民主鬥士
汪笨湖先生

／高俊明、高李麗珍

2月16日上午突然接到笨湖兄大哥的來電，告知笨湖兄當天早上9點35分蒙主恩召息勞歸天的消息，我們不自禁地悲從中來，因爲在國家前途黯然，正需要大家同心合意爲台灣前程賣力打拚之時，突然失去了寧願燃燒自己照亮別人，鞠躬盡瘁在所不辭，不時爲愛國愛民勇敢付出，爲正義發聲毫不畏懼的這麼一位同志，感到萬分地惋惜與不捨！

前年我們聽到他因大腸癌住進成大醫院接受開刀治療，那時有人向他傳福音，介紹他信主耶穌，他接受了。開刀後，天橋教會林憲平牧師爲他施洗，之後得知他很想有機會跟我們一同敬拜，於是邀請他一起參加那年太平境教會的聖誕慶祝禮拜。那晚參加的會眾很多，笨湖兄提前來到教會與我們會合並告訴我們因開刀住院的關係，醫生准許他請假外出，但得在規定的時間內回到醫院，因此禮拜結束前必須先離開，我們聽了很受感動！與我們一起敬拜的時間雖短暫，他卻看作是寶貴並且那麼的珍惜！從他離開時的神情，我們相信他已領受到了從天上而來，那眞正的

平安與喜樂！

過了幾天，我們收到了他吩咐秘書寄來的一箱給我們的水果，同時也送了兩大箱要我們代為轉送給教會小朋友們的聖誕禮物。笨湖兄無論是健康是生病，他愛國家、愛同胞的心，不因個人的因素而受到阻礙！

笨湖兄匆匆離我們而去，我們因為痛失一位戰將而哀傷，他一生為台灣同胞竭盡心力，以他的財力、能力、智慧來為台灣努力，相信那位愛他的天父上帝已看到他忠心與無私的付出和他那美好的佳跡。

笨湖兄的人生不盡都順暢，他成為基督徒的年歲也不長，但他為台灣社會的付出無法數算，實在無愧是聖法蘭西斯禱告文中的實踐者。

聖法蘭西斯的禱告文：

主啊！使我成為你和平之子，在憎恨之處，讓我播下愛；
在創傷之處，播下寬恕；在懷疑之處，播下信心；
在絕望之處，播下希望；在悲傷之處，播下喜樂；
在黑暗之處，播下光明；
神聖的主啊！使我少求被安慰，只求安慰他人；
少求被了解，只求了解他人；
少求被愛，只求全心付出愛；
因為在施予中我們得著，在寬恕中我們得寬恕，

在死亡之時我們進入永生，阿們！

笨湖兄現在已經在天父上帝的懷裡享受安息了，我們盼望他的遺族們也領受由神而來的安慰，跟隨笨湖兄一同走在這條永生之路上，享受來日在天上永遠的相聚。

安息吧，笨湖兄！

（作者高俊明牧師曾任台灣基督教長老教會總幹事、總統府資政）

追思汪笨湖
力求公義和平

／羅榮光

聽聞台灣知名多產的鄉土作家與電視節目《台灣心聲》主持人汪笨湖逝世，真是令人悼念他一生對台灣的貢獻。

多年前我也常看汪笨湖先生主持的電視《台灣心聲》節目。他對時局的評論，頗有深度與廣度，尤其是他有力地高舉台灣主體旗幟，滿有台灣本土味，在當時統派媒體聲勢強大，他的發聲可說是極其可貴的。尤其是他走入人群，在廣場、在廟口……，開放民眾提出對政局的看法，將人民為主的心靈展現出來。

汪笨湖先生主持的節目常把台灣故事與人物介紹出來，使許多觀眾能逐漸擺脫外來「中國」國民黨的黨國意識型態的洗腦灌輸，使更多台灣人民能立足於台灣土地上，建構台灣主體意識，他是何等令人尊敬與感佩的電視節目主持人！

在陳水扁總統卸任後，被馬英九政府羈押入監，汪笨湖的「台灣番薯台」節目也為陳總統出聲，顯見他心中的正義感令人感懷。

耶穌基督說：「你們必曉得真理，真理必叫你們得以自由。」許多台灣人民長年來被外來的「中國」國民黨黨國體制的洗腦灌輸，無法明白真理，以致心靈被捆綁，沒有自主與自由，

汪笨湖先生因為明白真理，且為真理勇於出聲，鏗鏘有力，使台灣近年來邁向民主自由，他有一定的貢獻，而且他具有正義感，有了正義也才有真實的和平。

期盼在追思為正義發聲的汪笨湖先覺時，我們台灣全民也能追求有公義的和平。因台灣正面臨中國的武力威脅，一千六百多枚飛彈瞄準台灣，台灣政府與人民若不乖乖聽從中國領導人的話，就會「地動山搖」，這究竟是哪門子的「和平」呢？這是沒有公義，沒有互相尊重與彼此幫扶的「假和平」。

聖經裡有一句話：「上帝的國不在乎吃喝，只在乎公義、和平並聖靈中的喜樂。」（羅馬書14章17節）。在追思汪笨湖先生之際，願我們大家也能信靠上帝，一生為公義和平實現在台灣國內及普世人間出聲又出力奮鬥不懈！

（作者曾任台灣基督長老教會總幹事，
現為台灣聯合國協進會秘書長）

輯五

政界人士

追思台灣草地狀元
笨湖仙

/陳水扁

笨鳥先飛引領台灣不忘向前行，
湖心臥龍企踵國人記得背後看。

記得我在北榮杜鵑窩住院期間，是四年來第一次看到台灣番薯台的節目。每天晚上，笨湖仙陪我度過孤寂的漫長時光。感謝他與來賓的力挺與營救！

事實上，笨湖仙在2008年還罵我不要臉，應該洗門風謝罪。後來知道了扁案的政治本質，及偵審期間所受到的不公平待遇。他不但多次到鬼地方探視我，也是2015年1月5日獲准保外就醫，第一個在高雄住家迎接我的親朋好友。

笨湖仙在違反《票據法》未除罪前，曾因經商失敗坐牢多年。那段艱苦歲月，成就他寫出多本獄中小說。我也在無桌無床的日子，趴在地上寫了不少東西。

2006年，笨湖仙與黃光芹在站台時，嗆賭若菊姐當選高雄市長，他們就泳浴愛河。我則為菊姐助選，並成功舉辦愛河牽手，亦只險勝1,100票。笨湖仙與黃光芹上岸時，他們希望我也實踐諾言，在高雄買房子。所以今天我才成為高雄人的鄰居。

去年9月，笨湖仙與曹長青、郭倍宏、彭P等一行來到人文首璽，當時他高大碩壯的身軀，聲如宏鐘。不到兩個月，我們再見面，笨湖仙虛弱的身體，需要二人撐扶。笨湖仙告訴我，他罹患血癌，生命剩不到一年，我簡直不敢置信！那是我們最後一次說話。去年12月27日及今年1月16日再次見面，他在成大醫院加護病房已不能言語。

　　人生無常，不勝噓唏！

　　笨湖仙是一位令人懷念的著名小說家、本土劇作家、名主持人及政治評論家。

　　笨湖仙生前寫過數本原著小說，被改編成電影。主持具有台灣本土風格的政論性節目，迄今仍無人出其右。

　　回想與笨湖仙相關的小說電影、政論性節目，剛好串起台灣草地狀元的故事。

　　「草地狀元」、「廈門新娘」、「驚世媳婦」、「阿扁與阿珍」。

　　頂著「落山風」，騎著「陰間響馬」，猶如「吹笛人」，「一吹吹到草堆」。

　　看到「舊情綿綿」的「阿爸的情人」，為了「那根所有權」，大演「台灣豪門爭奪記」。

　　「黑狗來了」……，幹罵「三字驚」，最後忍不住說了一句：我「嬲」你！

　　所幸「兄弟有緣」，「天公疼好人」，「台灣CIA」講出「台灣心聲」，讓「台灣起動」，「8100全民起動」。

如今再也看不到「笨湖開講」，聽不到「笨湖心聲」。也無法「台灣call in」、「總統call in」了。

「笨湖NEWS」已成絕響，「笨湖菜市」還會繼續開張？

(作者為台灣前總統)

汪笨湖與前總統陳水扁合影。

找第二個汪笨湖
實在不易

／彭明敏

　　汪笨湖先生是我在美國流亡時的至友——黃金來教授的外甥。因此，於1992年結束流亡，初次回台時即認識，聽說他曾寫小說、戲劇，在民視服務。我的印象，他不是纖細過敏的文人，而是一位豪邁樸素、誠懇直率之人。其後，他到高雄主持電視節目《台灣心聲》，訪問台灣各界人物。我也曾專程前往高雄上過他的節目，他問了我與政治結緣的過程。其後，該節目不知何故停止了，不知是與他不善長取悅或社交應酬有無關係。以後風聞他賣水果維生。久無消息，後來又風聞李前總統賞識他，大家期待他東山再起。然竟聞他病倒不起了。

　　人生無常而無情，他終於被迫太早走完這條不可避免之路，無奈仰天拂淚了。台灣失去了一位徹底認同台灣、熱愛台灣，為著台灣人權勇敢強力的代言人，要找第二個汪笨湖實在不易。只有以滿腔不捨的心情告別懷念他了。願他在天保佑台灣！

（作者為前總統府資政，1996年曾代表民進黨競選台灣總統）

立心台灣
竭盡所能
——悼 草地狀元汪笨湖先生 ／游錫堃

　　汪笨湖先生是鄉土文學作家、政論節目名主持人，也是台灣主體意識的重要推手，他的生年與「台灣人追求出頭天」的關鍵年代相疊，他的人生是「台灣價值大轉換」的縮影。

　　在黨國專政時代，曾經他的文字有濃烈的大中國情懷。1980年代台灣人衝破戒嚴，走在民主化、自由化的顛簸路途中，正是笨湖仙立心台灣，爲本土意識立言立論的年代。他的文學創作，讓國民黨獨尊中國情懷下被打壓、掩蓋、鄙視的台灣文化再度被文壇重視。在笨湖仙的字裡行間，刻畫基層鄉親的生活與人生，幾乎每一個台灣家庭，都可以在笨湖仙的書裡找到共鳴。

　　繼文學之路，台灣人再一次認識汪笨湖，是在2002年的電視論政《台灣心聲》。那個年代，台灣首度政權和平轉移，媒體結構黨國體制依舊，朝小野大而又處於核四風暴、網路科技泡沫化下的民進黨政府四面楚歌，《台灣心聲》適時開播，政治不再只有台北觀點、言論舞台不再專屬於黨國勢力，笨湖仙宛若武林豪傑，快意江湖，用基層的話語講政治，讓底層的心聲能被聽到，讓社會再一次認識到用台語講政治的魅力！《台灣心聲》也自然而然成爲本土政權連任的重大助力。

今日，笨湖仙雖走完了他精彩的人生旅程，但是他的生命卻讓台灣文化應用有了新的啓發，也加速了台灣主體意識的建立。如今多數人記得笨湖仙「抓妖、嗆聲、說眞話，檢驗所有政治人物，走透台灣基層，跟人民借膽，向總統府發聲」的氣魄，也懷念他在文字著述中細細道來的台灣情、台灣心。未來在實現正常國家的國度，歷史將會記住這一位有情、有義，立心台灣、竭盡所能的草地狀元汪笨湖先生。

（作者爲前行政院長）

汪笨湖
—— 台灣意識的宣傳大將！ /蘇嘉全

　　才華洋溢的汪笨湖早年寫下《落山風》、《三字驚》等多部膾炙人口的本土文學小說，不但書中情節引人入勝，字句間更是洋溢著對於台灣這塊土地的情懷與熱愛。隨後他進入電子媒體，將自己對土地的熱愛化作鞭策的力量，製作出一部部本土戲劇。主持政論節目時，更用充滿生命力又鞭辟入裡的草根俚語，挖掘台灣歷史，說出台灣人民的心聲，爲大家的心中深深埋下民主的基石。

　　如今笨湖兄雖離我們遠去，但他畢生致力發揚的台灣意識，卻已經長存在所有台灣人民的心中。天下沒有不散的筵席，相信笨湖兄在天之靈，也會看顧大家，讓台灣意識永續傳承。

（作者爲立法院院長）

紀念愛台灣有好報的
汪笨湖

/柯文哲

　　自我踏入政壇，與笨湖兄有幾次見面談話的機會，每一次他都帶給我跳脫台北觀點的建言，更毫不客氣地提醒我：「台北這幾年攏沒進步，台北人選恁做市長，只是吐一口怨氣，事實上『有功無賞，弄破要賠』，市長恁要做好心理準備！」當時笨湖兄講話丹田有力，對於時事批判犀利，怎樣也沒想到仍有鴻鵠之志的他，居然在今年之初溘然長眠。

　　我和許多台灣鄉親一樣是看他主持的《台灣心聲》節目才認識笨湖兄，也一樣藉著這個節目紓解身為台灣人的鬱悶。現在很多人認為我這個素人市長太敢講，其實當時我看笨湖兄的節目，心裡也覺得他怎麼那麼敢講，不過這幾年台灣局勢的變化，正是因為不斷地講、不斷地挑戰，我們才敢面對自己的歷史、看清自己的定位，甚至跳脫台北觀點看台灣，用我們的主體意識來建立這片土地的歷史。

　　這也是笨湖兄讓我們如此懷念不捨的原因。

　　笨湖兄出身台南政治世家，他敏銳獨到的政治批判無人能出其右；笨湖兄是文學家，他的小說蘊含著他對人性、現實的隱喻；笨湖兄是媒體人，在台灣轉型的關鍵時刻主導輿論風向，找

回台灣人遺失數十年的勇氣與自信；笨湖兄也是愛台灣的實踐者，卸下媒體光環後轉而深入台灣農地，為農民行銷農特產；笨湖兄的人生因為替台灣這片土地發聲而精彩，我們也透過他所分享的歷史真相與政治評論而跟著他激動澎湃、感動落淚，更為他的人生太早落幕而難過不捨。

　　在我的醫師生涯中見識過許許多多生離死別，對於生死早已了然於胸，但得知笨湖兄與世長辭的消息時，心中仍難掩惋惜。人畢竟是有情的生物，若不是藉著感情將一切串在一起，人的一生不就零落不成整體了嗎？笨湖兄曾開玩笑說台北不安全所以很少北上走動，我很想告訴他其實現在台北很溫暖，尤其想讓他知道他常說的「愛台灣有好報」，已經不分南北在這片土地扎根發展，開枝散葉。

　　感謝笨湖兄精彩的一生帶給我們無數啟發，感謝笨湖兄帶頭敢言，讓我們不再沉默。人生漫漫終須告別，願笨湖兄安息，願我們對這片土地的共同冀望成真！

（作者為台北市長）

番薯不怕落土爛
只求枝葉代代傳
——悼笨湖兄

/賴清德

　　曾經走過台灣民主轉型的人，一定都會記得汪笨湖這個名字，他燦爛的一生，雖然已經畫上句點，但他對這塊土地的熱愛，以及台灣優先的精神，將如同他豐富多彩的創作，永遠流傳。笨湖兄已經在世上打過美好的仗，跑盡當跑的路，守住所信的道，如今，他終能息了世上的勞苦，微笑在主懷中安息。

　　笨湖兄是台南子弟，國中時看了索忍尼辛的《古拉格群島》後，就曾在週記寫下「蔣介石是獨裁者」，展現他獨立思考、追求公理正義的一面。在他多彩的人生中，曾經是暢銷小說作家、戲劇總監，甚至開風氣之先，成為台灣本土政論節目第一人。

　　他的文學創作，題材多元，充滿草根性，讓人驚嘆於他駕馭文字的魔力，甚至有不少成為電影題材。轉戰影視圈，則交出多部經典戲劇；最受人稱道的是，透過台語針砭時事，讓許多台灣人感受到母語的影響力，迄今無人可以相比。

　　因為他對本土文化的熱衷，清德還曾邀請他擔任台南市文化基金會董事，對我們強化台灣主體性有相當大的幫助，「番薯不

怕落土爛，只求枝葉代代傳」，笨湖兄雖然離開我們，但他樹立的模範，將帶動更多人為台灣發聲，讓台灣成為綠色和平公義的國家。

（作者為台南市長）

汪笨湖
最令我感動的……　　　　/陳菊

笨湖兄遠離病痛、也離開我們了。

台灣文學作家和媒體工作者,是本名王瑞振的笨湖兄,最廣為人知的兩個身分。

笨湖兄在國中時,讀了描述集中營的《古拉格群島》,驚覺台灣和蘇聯這兩個威權政權並無太大差異,反抗意識也自此萌芽。

之後,他轉入媒體界,他的鄉土文學作品也陸續改編成戲劇或電影,並獲得國際大獎的肯定。後來更自行主持節目,以台語替人民發聲,自此掀起了本土政論的風潮,也推進了本土語言的傳承。

但最令我感動的是,笨湖兄不以他在大眾傳播上的影響力自滿,而是藉此在節目上,替農民找出路。無論是下鄉採購有機米、替農會行銷毛豆,或協助歉收果農,只要台灣農業有需要,就有他奔波的身影。

我們知道,他都是以行動來實踐對台灣的深厚感情。我們由衷感謝笨湖兄為台灣所付出的一切,也將繼續為台灣前途努力。祈願笨湖兄好走。

（作者為高雄市長）

追思
汪笨湖

/吳澧培

　　十幾年前，在一個偶然的機緣，認識了汪笨湖。第一次相識，他就跟我談起他的舅父，說他的舅父常常向他提及我，原來黃金來教授就是他舅舅。我與黃教授相識多年，他在堪薩斯州立大學擔任教授時，我因催生「台美公民協會」及台美人在美國人口普查中填寫「台灣」而非「中國」，爲「故鄉」之事而奔走，常常經過堪薩斯，必與其深談。

　　汪笨湖每次與我見面，都會提及黃金來教授，可以看出他非常崇拜這位熱愛台灣的舅父。

　　其後笨湖兄在主持的政論節目中，幾次邀我做專訪，讓我印象深刻的是：其論政方式極具本土特色，直來直往，犀利而深入，尤其每提及陳水扁前總統所受的遭遇，他總是義憤塡膺，讓我由衷佩服他對這片土地的熱愛和深厚的感情。

　　笨湖兄在六十幾歲的壯年突然離世，讓我深感惋惜！一個這麼熱愛生命、熱愛台灣的草根英雄，就這樣英年早逝，眞是台灣的損失。願他在天之靈保佑台灣，也希望我們這些仍然苟活的人，能夠團結起來，早日完成笨湖兄的夢想——建立一個自由民主、眞正獨立的台灣！

　　　　　　（作者曾任美國阿拉斯加銀行總裁，現任總統府資政）

遙祭
笨湖兄

/謝志偉

汪洋孤島濤天浪，無依無靠無憑仗，
笨鳥慢飛來相伴，有情有義有人望。
Who was always there for Taiwan，
兄乃眞情男子漢，挺身敢與中共抗。

一夫當關人人讚，同儕皆稱您好樣，
路頭遙遠荆棘障，堅毅不屈任悲壯。
好整以暇直闖蕩，忽覺心頭鹿兒撞，
走上黃泉莫回頭，回頭淚兒掛臉上。

——寫於柏林

（作者爲台灣駐德大使）

心事誰人知

／楊黃美幸

心事那沒講出來　有誰人會知
男性不是沒目屎　只是不敢流出來

——《心事誰人知》歌詞節錄

　　大家所認識的汪笨湖先生是敢說敢言的政論名嘴，但他也是才華洋溢的作家，其多本著作已成為電視劇。他在2002年主持《台灣心聲》以台灣人感到最親切的台語，暢談國家大事，批判時政，受到廣大群眾之喜愛。汪笨湖先生的節目，走入基層，以跟人民「借膽」為口號，檢驗所有政治人物，深入到台灣人的心坎。

　　其實一般台灣人在國民黨半世紀多來的獨裁體制下，生活中的恐懼感發揮了無與倫比的影響力，因為政治恐懼而帶來膽怯、懦弱及無力感，是沒有膽量的，但汪笨湖先生說要向人民「借膽」，激起台灣人對政治的熱情，禁錮的心情跟著沸騰。

　　我的父母輩在他們二、三十多歲正值青春年華，卻遭逢228事件，除了親友的失蹤死亡，最可怕的是存活下來的人之恐懼感及造成的自我封閉心態。他們活下來了，但心也死了。活人的憤怒恐懼隱藏在心。透過了耳語傳言，滲透到下一代每個人的心靈。

更可惡的是國民黨政權出賣台灣人，他以代表「一個中國」而實施戒嚴令37年，合理化其長期不舉行普選以便一黨統治台灣。半世紀來在國際上，以「一個中國」自稱代表全中國，導致台灣淪為國際孤兒。加上中國在國際上的打壓，阻擾台灣進入國際組織，裡應外合統派的國民黨，聯手使用不三不四的「中華台北」代表台灣，嚴重打擊台灣人的自尊心。但這些打壓及挫折惑卻更增強台灣人要建立新而獨立的國家之心願。根據外國媒體最近一份報告，台灣人在不友善及不符合公平正義原則的國際環境下，卻仍是世界上最友善的國家。

　　但是林家血案、陳文成事件等都還找不到兇手，228遺族還找不到遺骨，還不知哪天才是親人的忌日，台灣之子——阿扁總統被枉法的司法程序判罪，至今還在家被監禁中，這些都是台灣人內心還未被治癒的痛，這是台灣人不可言喻的心事。

　　從大中華情結夢醒的汪笨湖，在《台灣心聲》不僅痛貶時事，道出台灣人的心事，也批判中國，揭發中共邪惡的專制政權，大聲疾呼要做個勇敢的台灣人。可惜他在65歲就先走了，令人感到無限惋惜。感謝曹長青兄發起了汪笨湖追思會。是的，長青兄說每個曾為台灣前途奉獻過的人，我們都要紀念他。

　　最後以林強的《向前走》向汪笨湖先生話別。

　　再會吧！啥物攏不驚！

　　再會吧！向前行！

（作者為台灣民主基金會副執行長）

我懷念他的
本土味台語

/許世楷

　　汪笨湖先生過世，才63歲，他少我約二十歲讓我吃了一驚；我也不曉得他是作家出身。如是，我除了下面要談的兩個場合的印象以外，對他知道的不多。

　　1996年民視公司成立不久，我到公司去找蔡同榮董事長，他帶我參觀繞了一圈，途中看到在一個玻璃圍起來的辦公室裡面坐著一個大漢，同榮說是民視的顧問汪笨湖先生，要給我介紹就敲門進去，我一直記得他魁梧的模樣；不久我聽到他離開了民視。

　　後來我赴任駐日本我國代表處，代表處住所裡有可以看台灣電視的設備，為了更了解國內情況，我每天回家後總會打開那電視看一下。2008年總統大選快到的數個月前，我注意到一個節目，是由汪笨湖先生主持的，晚上在廟前或其他民眾會聚集的廣場開講，針對將來臨的大選為題發揮；他先擇題講了一些意見，接著由在場民眾回應發表意見，由於他本土味十足的語言，加上魁梧體型發揮出來的煽動性，大選越逼近，這個節目熱度就越提高，印象深刻。不久汪先生跟我聯絡，說代表處前庭是否可以借給他用一下，做他在東京的該節目場所，我個人是很願意，但是代表處是政府所有，不能偏袒任何選舉上的政治立場，我說明理

由，他了解後放棄了請求。

　　之後沒有什麼特別的接觸，近日突然間看到媒體報導他入院、他過往，促起我上述的回想。63歲逝世太年輕了，我懷念他的本土味台語，他魁梧身軀的煽動性表現，他的一切才能，可惜。

　　　　　　　　　　　　　　　　　（作者為前台灣駐日大使）

堅定台灣立場
發揚台灣心聲
——悼笨湖

／陳其邁

　　初任立委時，朋友介紹我與汪笨湖先生認識，數來也已二十年。難忘他高高壯壯的身影，與他旗幟鮮明的思想相輝映。

　　汪笨湖先生無黨無派、廣結人緣，一開始因支持總統直選，與國民黨本土派的蘇南成成為莫逆之交；陳前總統入獄後，汪笨湖四處奔波，為救扁盡很大一份力，他的眼中，只有台灣、沒有黨派。為了把他堅持的台灣意識搬上電視，汪笨湖專訪過柯旗化、蔡丁貴、吳澧培、崑濱伯等人，也在節目上大談台灣主體、扁案，開創了政論節目的新格局。

　　無論在台灣媒體或台灣民主上，笨湖總是走在最前端，為長年以來廣大但弱勢的台灣人發出「台灣心聲」。和他相識這麼久，每次在不同場合遇到，都為他語氣中堅定的意志感動，欣慰有這樣的夥伴一起為台灣發聲。

　　2002年，汪笨湖在年代MUCH台主持的百分之百本土政治節目，正叫做《台灣心聲》。有別於其它電視節目，他用的是本土的語言、詞彙，實實在在地評論時事，毫不虛偽地表達自己愛台灣，有人說他辛辣，有人說他草根性強，但看在觀眾眼裡，他親切得像隔壁鄰居，總是跟鄉親同一陣線。

除了主持節目，汪笨湖還四處戶外開講，把鄉親當作朋友來宣傳理念。曾經和笨湖在高雄市三民公園一起聲援阿扁，他和民眾毫無距離，合照、握手，來者不拒，把現場氣氛營造得慷慨激昂，主持功力和熱情可見一斑，看得我嘖嘖稱奇，覺得難怪當年會有所謂的「汪笨湖現象」席捲全台。他的創意和個人魅力，把台獨運動推到一個新的高度，讓更多人看見台灣人就應該要這樣勇於表達自己對土地的理念和感情。

台灣心聲和後續幾個節目結束之後，汪笨湖任台灣番薯電視台董事長，有了更大的發揮空間，用更豐富的手法呈現節目內容，並且成立菜市販賣農產品。然而，不久後，汪笨湖因種種原因離開番薯台，沒過多久，即發現罹患大腸癌。

以為切除大腸癌後，笨湖就能繼續為長期被壓迫的台灣人發聲。

沒有想過，和笨湖最後一次的聯絡，會是他近期臥病在床的時候，為了醫療問題請我幫忙，通話時，仍然能感覺到他的生命力和堅持。笨湖情深義重，到了人生最後一段，仍不忘老朋友，特別寄送青森的碩大蘋果來辦公室讓我和同仁們分享；當時還以為他身體已好轉不少，為笨湖這份情意感到溫暖。

笨湖走了，有時想起都還不覺得這是事實。二十年來種種畫面浮現眼前，汪笨湖那「認為對的就勇往直前」的台灣精神，站在台灣立場、發出台灣心聲的堅定身影，不但會留在你我心裡，亦會留在台灣歷史上。

（作者為立法委員）

衝撞台灣人歷史宿命的
時代菁英

／許添財

　　汪笨湖（筆名藝名，1953年12月6日~2017年2月16日）生在
自然美妙但人世苦難乖舛的蓬萊仙島台灣，出生自英雄豪傑浪人
士紳代有人出的府城台南。終其一生，多面精采，敬之者眾。

　　最後一面竟在理髮廳巧遇，幾句寒暄鼓勵，簡短有力，亦反
應出他也很關心當前台灣經濟。為敬表哀悼，乃不辭淺陋應允長
青兄的越洋電話邀約，感時略抒拙見一二。

　　Google 搜尋「汪笨湖」赫然發現其「精采」人生，紋理清
楚脈絡可循。

　　國中時看了索忍尼辛的《古拉格群島》後，在週記寫下「蔣
介石是獨裁者」引起校方注意。

　　退伍後掌家庭事業，卻因經營失敗，於1984至1987年間因違
反《票據法》入獄。在獄中開始以「汪笨湖」筆名寫作，投稿
《中國時報》「人間」副刊受到好評。從作品中還看得出「中華
情結」，後來政治意識才慢慢「由統轉獨」。

　　說到「票據犯」在台灣後來是廢掉了，當然是個金融原理上
扭曲性的產物。所謂有人違反票據法，當然就有對造被跳票，政
府公權力當裁判，經商賺錢要繳稅，失敗破產要被關，相對吃倒

帳的只好自認倒霉。

支票原理上等同現金，但在1950年代在上海流行的所謂「遠期支票」被帶來台灣，此支付工具卻經法律規範可寫上未來兩造約定之到期日而變成信用工具。

這妙就妙在社會流動性可藉此無限擴充，滿足工商發達買賣交易信用借貸之需，但卻因這異形體制而徒發很多離奇古怪的經濟與社會問題現象。

以公營銀行為主的台灣金融體系，卻可藉此只賺高額利差而不必冒風險負什麼責。政府不在貨幣政策與管理上下工夫，而導致資金緊俏，民間可貸資金更加缺乏，私人借貸或互助跟會盛行，形成高風險與高利率惡性循環。若向銀行貸款除了要有特權關係，「三保六認」連帶保證又提供財產抵押外，還得押上「遠期支票」保證按期還款，家屬親友被拜託來幫這遠期支票背書更是常事。然而一旦跑不過「三點半」這一關，屆時經商失敗者除了傾家蕩產，還要銀鐺入獄更難免牽累無數親友。

其實當時違反《票據法》入獄者多是女性，不是台灣很多敢冒風險的女企業主，而是萬一經營失敗，女的去關，男的還可工作養家還款。笨湖選擇的是自己被關，元配因此離婚。

天橋教會追思告別禮拜當時，幫他洗禮的牧師還特地說出笨湖受洗時的第一個「告解」（confession）是違反《票據法》被關過。笨湖一出社會就碰撞到這個國民黨帶來的金融體制網羅。

所謂票據犯是1950年代末期，台灣隨著經濟逐漸從戰後恢復（按台灣直到1958年其GDP才恢復戰前的高峰1936年水準，又

十年後的1968年才恢復1936年的人均GDP水準），其社會流動性需求，也就是貨幣與信用需求，大幅增加。當然沒有保障的信用交易風險比率也跟著提高。政府對數字一直爬升的「遠期支票」跳票者首先科以罰金，接著眼見情勢惡化，在1960年乃修法改為自由刑，最重可判一年有期徒刑；仍然遏止不了數字竄升的空頭支票，到1973年一審刑事案件竟有一半是票據犯，刑期乃再加碼為兩年；到1977年票據犯占刑事案件比更爬升到70%，更將刑期再加碼為三年。真是不懂台語所說的「嚴官出多賊」的道理何在？1983年違反票據法高達12萬件，被通緝的票據犯累積超過20萬人。票據犯在20年增加了七倍。最後因監獄爆滿而於1986至1987年間完全廢掉這國民黨在台灣特製長達27年的惡法。汪笨湖選擇面對，搭上此惡法的末班車，而不像那被通緝的20幾萬人選擇逃逸。

其實嚴格說來，票據犯的製造者是政府，明明支票是「見票即付」卻要讓上海帶來的「遠期支票」合法化。不但實務上不謹守「支票見票即付」的原則，更在1973年修票據法強加「支票在票載發票日前，執票人不得為付款之提示」。罔顧違反《日內瓦統一支票法公約》的規定：「支票在票載發票日前為付款提示者，得於提示日付款。」

再者國民黨政府來台，1949年6月15日行「四萬舊台幣換一元新台幣」的貨幣改革，一半是反應通貨膨脹的因素，一半則是藉機沒收台灣人的貨幣性資產，形成通貨緊縮效果。中央銀行及公營銀行更不進行金融制度與政策的改革，也不供應足夠的可貸

信用基金，而讓民間在地下金融市場相互廝殺，體制內金融秩序表面嚴格穩定，其實剝削貪腐嚴重，體制外更是良莠不齊自生自滅。

請勿誤會我是在為笨湖兄或曾經違反票據法的人脫「罪」，而是以票據犯為例，提供要為台灣重開一條政治也好，經濟也好，司法也好，教育也好的光明前途。諸仁人志士們，好好秉持良心重視公理與專業，認真檢視我們這個被殖民數百年又被長期以外行領導內行所扭曲的價值觀與制度，思考真正大公大義的體制改革。

再看寫而優則藝的汪笨湖，走入名利雙收的影藝圈電視圈，從媒體人又變成政論名嘴。但本質上一直都不離人性本質、台灣本位的價值觀，更能與時俱進，緊貼台灣當下政治經濟社會脈動民情。簡言之，他除了才情，更有一份豪情；除了熱情更有一份真情。他是耿忠而非死忠；他屬達變而非善變。《台灣心聲》、《笨湖開講》自有其時空背景，也有笨湖兄的堅持與勇氣。

但再請看官們不要誤會，我不是想在笨湖兄的蓋棺論定、滔滔論述行列中硬插一腳，我只是想跟笨湖兄一樣都是時代菁英的仁兄仁姐們互勉：台灣價值的永恆在自由民主，台灣價值的偉大在文化多元，台灣人力量的偉大在大度包容，台灣人生存的保障在進步超越。台灣人是人類的瑰寶，要自救救人，力求擺脫歷代政權加之在台灣人習性上，累積在台灣陳腐制度上的諸多枷鎖網羅，更要超越制勝來自當今中國一再錯誤的看法與方法。至少像笨湖兄已用自己的生命寫歷史，做到了相當難得的台灣人本分。笨湖兄安息在主阿耶穌的大愛永恆懷抱裡吧！

（作者為前台南市長，現為台灣商業發展研究院董事長）

笨湖兄
您的事工已經滿盈　　／城仲模

　　笨湖兄驟逝的告知電話，讓我像雷擊般地仰躺在頂樓陽台，眼簾上望見蔚藍晴空一片片的浮雲飄過，似是笨湖兄駕著彩霞來跟我道別；俄頃間，不由自主地湧出了心痛的流涕，嚙滴嘴裡。我頓時眼觀鼻鼻觀心，無法接受這突如其來的噩耗。

　　我對於專業哲學、史學及法學這三種人特別敬重；前者馳騁在無痕思維的空域探求天人關係，中者延續綜理記載人類真實生活記錄，後者異常仔細分析事實的因果來龍去脈並求實現正義。笨湖兄和我有近三十年的台南同鄉情誼；他在輔仁大學專攻該校著名的哲學學系，並對史學中真偽的取捨與辯正，一絲不苟，非常專注。遇有法學法理或法律的疑難困惑，他連三更半夜也不放過，會來電詢問討論，因為他知道我是「暗光鳥」凌晨兩三時必定還在書桌邊忙東忙西的。深夜裡的通話，除了法律這門絕活使他的法學素養漸入佳境之外，輒會「節外生枝」，猶如對坐，促膝長談，噓寒問暖，兼及國內外政經、軍事、媒體和文化，海闊天空，聊個不停；彼此真情流露，相知相惜。緣於此，讓我們彼此都深諳：願為台灣盡力貢奉公義的堅強意志，完全一樣！

　　笨湖兄曾告訴我：當他研閱了長篇小說——亞力山大・索忍

尼辛所寫的《古拉格群島》後，驚悉共產蘇維埃對人性尊嚴的摧毀、生離死別的蹂躪與生存價值的否定，即刻使他聯想到西班牙佛朗哥長期的獨裁統治，及蔣介石在中國殘害生靈的竄起過程，在台灣228事件、白色恐怖時期的屠戮政敵，格殺無辜，直至斷氣絕命才肯罷手的天人共憤史實。這些就是激發他源源不斷的思緒湧現，誓為公平正義挺身站出的真正底蘊。

2002年底，年代MUCH TV台開播，笨湖兄主持《台灣心聲》，它是一個純然本土原汁原味的創新性政論節目，標榜以台灣人的意識與尊嚴出發，恪遵說真話談實情，深度理析證據臧否善惡，不分任何尊卑行業對象，都是被禮邀採訪對談之嘉賓。開啟了台灣傳播媒體良心問政、批評時弊、建議國事的先聲，更是現代社會民情事故、理性探究、真相解析、普及教育的先驅。猶憶2003年2月26日上午八時到十時半，笨湖兄邀我到攝影棚錄影，明言擬於227及228這兩個極重要時段晚間九至十點檔播出，並提出「非常敏感甚至禁忌的話題就教」；那時我適服務於司法院，職稱大法官兼副院長。我們彼此相識甚深，叨在知己，他不會害我，但又不能不依腳本達標；我私忖：我的台灣「意識」固甚堅定，向來認真專業及關心國事，法政「學識」研閱廣闊深藏，「見識」自然生成精壯，哪，今早我需滿懷骨氣與「膽識」說出我心中的確信，像個擁抱台灣至上的崇高理念、已為家園故土犧牲奉獻的先行者及知識分子應有的風範，不畏任何指摘挑剔，承擔責任與後果。結果這兩集播出後，社會各界好評不斷；翌日清晨笨湖兄來電致謝，略謂：「仲模兄，這要緊的兩天播出

我們的國事討論後，據查閱聽民眾百分比衝到頂高的紀錄；我真沒料到你竟會不顧當前你的公務職分為《台灣心聲》勇敢地托盤說出只有你我私下掏心談論時局的敏感尺度，不怕被封建思維深鎖的保守官僚體制及盤根錯節的大傳媒體攻訐……。」我心想，還有更甚的話因時間的限制，沒讓我能夠暢所欲言。

這樣一位胸懷壯志，絕頂智慧與風骨嶙峋的笨湖兄，早就對天仰誓，畢生投入為台灣成為民主、自由的國度奉獻之宏願理想，其曙光已透過密佈烏雲逐步照射光芒，笨湖兄的心血凝聚與精神火炬亦已明顯燎亮在台灣的街頭巷尾，如此功勳絕不唐捐。笨湖兄的崇隆人格、堅強毅力及屬行事功，必將名垂於台灣史詩，供人永遠景仰緬懷；爾後，台灣的未來尚有一段路程需要循序呵護開展並予妥適佈局建造以臻成功。這才夠莊嚴彰顯對笨湖兄無限追思的至誠。

（作者為前司法院副院長）

永遠的台灣精神
── 汪笨湖

/顏純左

　　果敢、人文、浪漫的台灣人，一生追求理想，秉持著正向的信念勇往直前，直到面臨生命的終點，他，仍然為了台灣人著想，用盡生命的最後一刻，給予小老百姓更多的醫療資源；拒絕心肺復甦術、不做電擊心臟、氣切等急救，選擇把這些醫療資源，留給更多需要的病人，瀟灑尊嚴地離世。

　　與笨湖兄相識二十餘年，非常欣賞他阿莎力不矯情的個性，經營事業、媒體有絕對的霸氣，卻總是讓人折服，他的著作隱藏著他柔軟浪漫的心，然而更多的是他對於台灣社會、台灣尊嚴的關懷，句句鏗鏘有力的台灣加油，言猶在耳，而今他雖已離去，但是他的台灣精神卻可以長長久久的延續……。

（作者為台南市副市長，本文原載作者臉書）

與汪笨湖的
機緣

/史明

　　1993年，我結束海外對島內的地下游擊隊的工作，回來台灣。

　　汪笨湖在高雄主持《台灣心聲》政論節目時，曾經有三次，邀請我南下高雄，參加節目。尤其記得那次2000年的時候，當時台灣島內、民進黨內，正進行激烈的政治辯論，討論林義雄、陳水扁這兩位台灣獨立運動派人士，到底由誰來代表民進黨競選中華民國總統。那次的總統大選，可以說是搞得轟轟烈烈，全台輿論沸騰。

　　而那時我仍是流浪的革命家，做的仍是所謂的體制外評論，一方面批判浪費思想，另一方面褒獎那個時代。

　　汪笨湖當時竟在高雄一棟巨大高樓裡，搞起了電視台，且邀我去評論時事，表達海外意見。與他見面時聽到他爽朗的聲音，至今仍留在腦裡。

　　聽到他走了的消息，我想起這些，很是傷感。很懷念他！

（作者爲總統府資政。獨台會創始人，
此文爲今年 99 歲的作者病中口述，敏紅記錄整理）

政治要平民化生活化
的啟示者
——懷念笨湖大哥
/徐國勇

　　民主開放的政治，不該是貴族或讀書人的專利，平民化、生活化是民主開放的指標之一。政論節目的興起，雖拉近了人民與政府的距離，但在汪笨湖主持的《台灣心聲》出現之前，台灣政治的討論仍然不夠平民化、生活化。當時節目雖然可讓民眾call in，但電視台往往會過濾；且來賓和主持人在基本上仍屬以主播或讀書人的口氣主持和論述，雖有來賓是民意代表，但論述口氣口吻仍想保持所謂的高格調，因此，與一般民眾仍有一些距離。一直到笨湖大哥的《台灣心聲》出現，終於打開了平民化、生活化，讓政治論述不再和民眾有距離，換句話說，也讓民主開放更加深化。

　　當時，我擔任台北市議員，也常上call in節目，當然知道笨湖大哥已然開啟政論節目的新頁。有一天，江霞姐和我一起參加南部的活動，在飛機上告訴我，應該要上笨湖的《台灣心聲》，因為江霞姐認為我的style和笨湖大哥必然很合，經過江霞的介紹，開始了常常在議會散會後，搭飛機到高雄參加《台灣心聲》的生活。

　　雖在電視上看過笨湖大哥的《台灣心聲》，但第一次上台灣

心聲，眞的讓我很震撼！節目都是live的現場節目；一開始，片頭的音樂在現場是非常非常的大聲，令人精神爲之一振，接著，笨湖大哥的開場來了：「我是笨湖啊！100%本土原味，抓妖、嗆聲、說眞話，檢驗所有政治人物，走透台灣基層，跟人民借膽，向總統府發聲！」加上身體前傾、手勢往前彷彿要和觀眾握手，令我不禁跟著想立即發言。尤其幾乎是全程的台語，加上來賓常常是坐在板凳上，call in絕不過濾且特別多，平民的政治，生活的政治湧上了我腦海。不錯！就是這開啓了政治的平民化、生活化！

2004年阿扁總統競選連任，在投票日前的3月19日下午，我一如往常的搭飛機到高雄上《台灣心聲》節目，才一到節目現場，笨湖大哥立即告訴我說：「你趕快替我主持節目，阿扁被槍擊了！」因爲在飛機上沒有訊息，且當時的手機也沒有如同今天的網路可以隨時看新聞，所以我並沒有槍擊的訊息，且六位來賓，爲何找我代主持？我也不知道，也莫名其妙。不過，長期主持綠色和平廣播電台節目、以及長期上節目的經驗，我並不膽怯的接下了代主持工作。代主持中，我發現，我竟然在長期浸潤中，學習了笨湖大哥的主持技巧。

隔年，我競選立委，當時民進黨打出了國會過半的口號，選情異常熱烈。笨湖大哥將現場節目帶出攝影棚，進入了鄉鎮村里，當時在廟前的《笨湖開講》、《台灣心聲》節目，竟然可以比候選人的政見發表會更多人更熱情，更讓我見證了台灣民主深化的成果，更見證了原來政治是可以如此的走入民眾，如此的平

民化和生活化！笨湖大哥功不可沒！

　　我後來因逢際會的受到三立禮遇而主持三立政論節目多年，事後回想，受到笨湖大哥主持精神的潛移默化甚多！

　　笨湖大哥眞心愛台灣的精神令人感動！他對台灣民主深化的貢獻令人欽佩！

　　他是一位文學家、媒體傳播家、民間政治家！哲人其萎，令人不勝唏噓！

　　笨湖大哥！那美好的仗你已打過！就讓我們接手你對台灣主權奮鬥的未竟志願吧！安息！

（作者爲行政院發言人）

帶領我進入
政治評論領域的導師 ／王定宇

　　蒙曹長青先生厚愛，邀我在「汪笨湖紀念文集」中留下文字來見證汪笨湖激越執著，有血有淚的一生。

　　汪笨湖出生在原台南縣安定鄉，是我台南家鄉的政治前輩。以不同視角來看，汪笨湖雖然有兩個，文學的汪笨湖與政治的汪笨湖，但我認為兩者皆根植於濃厚的鄉土情懷及對台灣土地的熱愛，領域不同，意念實則相通。

　　文學的汪笨湖，早期以屏東楓港、台南白河等地為故事背景，寫下《落山風》、《嬲》、《陰間響馬》等膾炙人口的小說。他擅於描繪社會底層的生活掙扎及愛慾情仇，作品透露出對人性的關懷，告訴我們卑微人物，仍有傾城之愛。

　　汪笨湖的文學創作，有另一深層意義。在台灣文學仍被視為邊陲文化的年代，汪笨湖的小說，吸引眾多讀者，如涓涓細流般地抗衡著中國文學的大江大海。我相信汪笨湖在未來的台灣文學，必有其一席之地。

　　政治的汪笨湖，則是帶領我進入政治評論領域的導師。在不確定的年代，他首開風氣之先，以庶民語言，引領風潮，他的主持風格，節目樣態，至今仍影響著電子媒體中的政論節目。

有別於部分政治人物的媚俗，汪笨湖毫不留情的針砭藍營，卻也勇於對綠營提出批評。他曾批判陳水扁，但在阿扁落難時，卻傾全力為阿扁的司法人權奔走。汪笨湖一如他小說中的人物，個性鮮活，愛恨分明，值得後輩政治人物借鏡。

　　汪笨湖先生，在今年2月16日寫下人生最終篇，走完他有血有淚、高潮迭起的精彩一生。63年歲月，他留下大量文字，也曾引領時代風騷，已不負此生。身為後輩，定宇僅以此文向這位家鄉前輩致上最大敬意

（作者為立法委員）

笨湖仙一生
替台灣訴心聲

／高志鵬

　　笨湖仙本名王瑞振，自從他成為知名鄉土文學作家之後，就很少人知道這個名字了。他曾說過：「替人類承擔心靈的苦難，是文學家的責任。」或許也是因為這樣，他最知名的小說都在獄中完成，畢竟偉大的藝術總是從痛苦中粹練出來。

　　他的小說《落山風》讓汪笨湖知名享譽文壇，改編成電影後也帶動本土戲劇的風潮，而《廈門新娘》、《草地狀元》、《台灣豪門爭霸記》也被改編成膾炙人口的八點檔連續劇，其中《草地狀元》還是金城武的處女作，說笨湖仙捧紅了一個國際巨星，應該也不為過。

　　當時他的文筆以「強烈的故事性、明快的節奏、大膽披露原慾和鄉土語言大量運用」為人稱道，進入戲劇圈後，長期於電視、電影界擔任編劇、企劃、製作、顧問等幕後職位，或許也是因為這樣的歷練，文字風格也在主持節目中發揚光大，2002年的《台灣心聲》標榜100％本土原味，打著「抓妖、嗆聲、說真話，檢驗所有政治人物」口號，以流利的台語和鄉土俚語批評時政，也是第一個掀起戶外開講熱潮的政論節目。

　　推算起來，阿扁執政的八年大力推行本土化運動，而笨湖仙

的本土風格與主持魅力，也對這股本土化的力量推波助瀾，促進本土意識的凝聚。當扁案爆發時，笨湖仙也秉持著良心嚴厲譴責，要求阿扁應該出來洗門風。不過當他理解阿扁在司法程序中遭受的不平等待遇後，也是第一個在保外就醫時迎接阿扁的好朋友。

笨湖仙的口才比我好上數倍，他宏亮的聲音和激情的語調是振奮人心的力量，對比晚年虛弱的身軀，實在不勝唏噓，就算將走到生命盡頭，也不願以無效急救、耗費醫療資源的方式延長生命，用堅強與尊嚴走完最後一段路。

除了阿扁之外，笨湖幾乎是台灣意識的代名詞，這是他不可抹滅的貢獻。他的理念是「追求人生缺陷美，提著光明去照亮社會最暗的黑角」。笨湖仙一生替台灣訴心聲，他的聲音也將永存我們心中。儘管有一天，所有曾聽他演講的人們也都將不在，他的文學仍將繼續照亮我們珍愛的台灣。

（作者為立法委員、凱達格蘭基金會董事長）

草根文學家和
基層實踐者汪笨湖 ／黃偉哲

　　我們所認識的民主先進笨湖先生，是個能寫能講敢論敢評勇
於仗義直言的男子漢。

　　綜觀笨湖先生一生與我們的母親——台灣——緊密相連，所
思想所言行無不宣倡台灣主體意識。

　　在白色恐怖年代，笨湖先生就敢直接批評蔣介石是獨裁者，
當時他還不過只是個十來歲的孩子，但已可見他的正直剛烈，不
畏強權的性格。

　　才氣縱橫的笨湖先生，從寫小說到電視劇，從編劇本到做節
目，不僅筆力卓健，口才便給，他心中念想的猶原是台灣這塊咱
土生土長的土地，台灣主體意識一直是他心底最為堅持的主軸，
2002年開始主持的《台灣心聲》走透基層，用最親民的俚語、生
動的故事來表達宣揚台灣本土概念，不但展現強大的個人魅力，
也成為廣大民眾信賴的發聲管道，真正達到用台灣話說國家大事
的驕傲，讓大家見識到台語的真善美。

　　而今笨湖先生已遠，徒增無限哀思之外，他所遺留的風範與
精神猶仍不滅，終其一生貫徹台灣優先的思行合一實值為後輩的
我們惕以效法。

（作者為立法委員）

堅持本土精神
一生高風亮節
——懷念敬愛的笨湖兄　　　／林俊憲

　　2017年2月16日，最敬愛的笨湖兄向我們辭別，令我感到萬分的難過與不捨，與他一起在台南友愛街泡茶聊天的日子彷彿只是昨天的事情而已。自從笨湖兄退居幕後，過著恬淡充實的生活，平常在附近散步、買菜，與親友們閒話家常，也關心國家大事；俊憲有空也會前去叨擾，向他請益。沒想到一切來得如此突然，俊憲第一次前去探望笨湖兄時，感覺還十分硬朗，第二次去見他，卻已經呈現半昏迷，過沒多久就進入加護病房。這一關，俊憲一直相信笨湖兄能安然度過，也盡己所能讓笨湖兄能獲得最好的照顧。或許是天妒英才吧，上天終究為笨湖兄的傳奇一生畫下了休止符。

　　笨湖兄不但是俊憲敬愛的前輩，也是一起為台灣打拚的夥伴；他慷慨激昂的另一面，是一位文采斐然的作家。笨湖兄的小說作品，一如他敢做、敢言、敢當的個性，以樸實的文字，深入人性，紀錄他對台灣土地的深厚情感。2002年，笨湖兄主持《台灣心聲》，開本土政論節目之先河，去假求真、直言不諱的風格，深受大家喜愛，他的草根精神，豪邁、親切而且優雅的主持風格，絕對是前無古人，至今許多的政論節目也難以望其項背。

能夠有機會與笨湖兄共事，俊憲收穫良多，也感到萬分的榮幸。

笨湖兄提倡本土文化與鄉土文學，也致力於政治本土化。阿扁總統兩次競選時，笨湖兄義不容辭情義相挺，成功促成政黨輪替。儘管後來諸多紛擾，笨湖兄依然為救扁而努力，為捍衛本土政權而奮鬥。俊憲從政路上，也一直受到笨湖兄的提攜與支持，向他請教時，他也不吝指教，對於笨湖兄的感謝，已經不是隻字片語所能表達。笨湖兄也不斷提醒我要堅持本土意識、台灣精神，成為我從政以來所秉持的圭臬。

「番薯毋驚落土爛，只求枝葉代代湠」。笨湖兄現在是笨湖仙了，您在台灣歷史上寫下傳奇的一頁，您瀟灑的身影會永遠留在我們的心中，對本土精神的堅持、對社會的關懷，會成為台灣不斷成長茁壯的土壤。

（作者為立法委員）

台灣精神的代名詞是
「汪笨湖」

／王世堅

笨湖過世至今，我的心情仍非常沉重，因此雖然這段日子來，曹長青老師聲聲叮嚀，我卻屢屢提不起筆⋯⋯。

我一直認為：如果要為台灣精神找一個代名詞，我會說「汪笨湖」。

在笨湖生病這段期間，他不忍讓我看到他臥病消瘦的模樣，我也不忍心看到他被病痛折磨，我一直未到病榻訪視他，或許這是我們倆一種默契，但如今想想，也算是我的一種逃避。

我生命中的笨湖是永遠的戰友，每當我想到他，映入眼簾的：是抗議連戰前進中國的426機場事件，為了抗議陳雲林，抗議馬英九、連戰、江丙坤，我們牽三隻小豬逛大街、我們護台挺扁、反紅衫軍、我們也曾帶著七百名鴨農包圍T台抹黑瀝青鴨的不實報導⋯⋯。在這麼多事件上，憶起我與笨湖並肩作戰，當時的笨湖意志堅定、神采飛揚！

我們曾經一起追求台灣的獨立與平等，我們有著共同的理想，也同時有著對政治醜陋面的理解，而我最佩服笨湖的是，這些年來我曾經灰心，但笨湖卻永遠鬥志昂揚！

安息吧，我的好朋友汪笨湖，祈願你在天堂的國度，看見獨立、平等、美好的台灣！

（作者為台北市議員）

汪笨湖與
跟鐵牛三輪車少年　／許忠信

　　2012年2月1日，我就任第八屆立法委員並擔任總召，開始展開反ECFA（含服貿協議）與救扁的工作。當時，有關救扁活動，民進黨採所謂「團進團出」的策略，我則不受該政策之拘束而有較大自由活動空間。雖有綠營高層的極大壓力，但仍在電台與電視節目中主張，「阿扁因未受到公平審判，應受無罪推定之保護」、「特赦阿扁根據赦免法並不以其道歉為前提」。我被綠營高層責備，並被要求將來上電視需高層允許才可，但我仍上TVBS、年代電視與番薯電視台替阿扁辯護，以發揮鯰魚效應。有一次在等待上番薯電視台節目前，汪笨湖大哥問我是哪裡人，我說「出生在安南區外塭里」，我父親是安南區外塭人，因我母親是新市鄉看西人，而「成長在台南縣新市鄉」，他一聽，說安定鄉之磚窯為他家族事業。原來是同鄉，而且我父親是他左鄰，我母親是他右舍，而且正好外塭與看西緊鄰其磚窯。我接著說，我讀國中與高中時好幾次跟我父親之鐵牛三輪車到他家磚窯搬磚。他說他那時正負責家族之事業，因此，我等於是到他的磚窯工作，要我說出我的生平。

安南區外塭出生　搬到新市鄉謀生

　　「婆婆在生，媳婦也在生」，我全家無以維生。民國53年底，我出生於原台南市安南區外塭。我們大家都知道，安南區在清朝道光3年（1823年）之前乃是台江內海，之後才浮出成為海埔新生地，所以那邊的土地鹽分很高，至今耕種困難。我的爺爺只有六分地可以耕種，卻要養七個小孩，因此，需開牛車為副業，非常的辛苦，不過，他仍非常熱心公益，鄰里內的工作他都非常熱心地去幫忙，甚至晚年亦奉祀池府千歲而擔任廟公。雖然他人緣很好，但是我的母親從新市嫁到安南區後，時常都有人上門討米債，或要求還賒欠。我奶奶生我的尾叔不久後，我母親便生我的哥哥，此一拮据情況益為嚴重，因為我父親還在服三年之海軍兵役。

父親開鐵牛三輪車　首趟即翻覆骨折

　　我父親退伍後，亦開牛車為業，有時去幫別人看魚塭。有一天被蚊子螫了全身包後去新市，因為我母親是新市人，所以我很多親戚都住在新市。我新市之姨丈（民國57年）在新市駛牛車載貨，便建議我父親全家搬到新市開鐵牛三輪車。當時台灣有一種叫做鐵牛三輪車的拼裝車，台灣經濟奇蹟期間，從牛車過渡到卡車期間大概有三十年，中南部的運輸都靠這種鐵牛三輪車。在我父親接受新市姨丈的建議下，我母親把所有的嫁妝金飾變賣，買

了一輛三輪車，並在我三歲時，全家搬到新市向人租房子居住。結果，上天要考驗我父親，我父親來新市不久，首趟出車，要載貨到新化，在今遠東技術學院附近，因當時並無平整橋樑，需經溪底渡溪，不幸翻覆，不僅三輪車毀壞，我父親的左小腿亦嚴重骨折，被送進台南的醫院，醫生說要截肢，但我母親說全家庭就只靠他賺錢而已，截肢殘廢全家要怎麼維生，因此，我母親將父親送回新市鄉社內村，央請接骨師接骨並敷藥，結果竟然奇蹟地康復，不過我父親的左腳仍不堪長時間負重或走遠路。在腳不能動時以剖竹片做手工，並以番薯（地瓜）簽維生。當時我母親一日工資才七元（僅足以買一顆五元之高麗菜與兩元之魚干），家徒四壁，幾乎沒有家具。

父親靠右腳扛貨　所以我儘量跟車

我八歲進新市國小就讀，可能是因愚鈍或未上幼稚園，國小前四年功課極差，每次班上同學被老師打手心處罰，我一定有份。寧願到我家對面施老闆家做童工，裝太空包（裝木粉）種香菇，而不喜歡上學。由於我父親左腳曾受傷，全賴右腳負重扛貨，所以我從國小六年級即開始跟鐵牛三輪車幫忙扛貨。而且，因功課不好，所以很怕老師。有一次到善化澱粉廠幫忙搬粉頭（壓番薯粉後之乾番薯渣），導師黃清忠老師卻騎機車朝我與父親裝貨之曝曬廠而來，並繞行一周，我亦順方向藉三個車輪掩護而躲過，未被老師發現，但在出場秤重時，我從貨物堆上跳下

來，老師竟在那邊秤重，所以我叫了一聲「老師」。黃老師課餘會到岳父澱粉廠幫忙，看到我幫忙工作，犒賞我吃西瓜。可能是受此鼓舞，學校成績開始進步。

導師伸張正義　進國中升學班

國小畢業後，進入新市國中就讀，被編入男生最好班。當時國中為與私校競爭，有能力分班。由於台灣正處經濟奇蹟，新市有很多人開始建樓房，需要磚塊，水泥與砂石，而當時卡車尚不多，所以我父親的三輪車生意不錯。母親不忍父親單腳著力，時常跟車，我與哥哥亦常在放假時幫忙。鹽水溪採砂、挖土，砂石場鏟石，亦常到安定磚窯搬磚。我當時並不知那安定磚窯正是汪笨湖大哥所經營之家族事業。我在班上約第十名，國二需男女合班成一班升學班。鄉長、議員等關說不斷，升學班擠到約六十個學生，我卻未被編入，顯失公平。升學班導師張基祥教過我哥哥，知道我為窮人家子弟，在年紀輕輕未婚之年，竟敢與學校對抗，到我的教室說：「許忠信你把書包與桌椅搬到升學班！」這件事情在我心中烙印下「許忠信你將來須給窮人家子弟公平正義」！

從台美斷交　立志做外交

我讀國中的時候，當時國家遇到一個很重大的危機，就是台

灣與美國斷交，很多台灣人很驚恐，很多人移民，我那時下定我的志願，我要當外交官為台灣做點事，所以我禮拜六日在跟車時，都會在車上背英文單字，結果效果還不錯，因為搬完貨，等於運動，頭腦比較清楚。那時台南一中很難考，雲林以南六縣市都有人來考。新市國中每年大概只能有三位左右能考進南一中。我的成績在班上大約第十名，所以大概僅能進南二中。然而，那年高中聯考題目很難，台南市名國中生與私校生也不會寫。結果放榜那天，導師張基祥從收音機聽到「台南一中許忠信」，馬上騎機車衝來我家，我剛好跟父親挖完沙子回來在門口洗腳。當張老師告訴我考上南一中時，我才知道什麼叫「范進中舉」。

我進去台南一中之後，被分到自然組，因為我理化比較好。由於國二時已立志要當外交官，所以高二要轉到社會組。南一中以數理聞名，自然組數學老師很強，所以數學老師蘇永霖做我的導師。他知悉我要轉社會組，便把我叫去，叫我再考慮，因為，第一，社會組大學較難考，因為十個才錄取一個，而台南女中等在社會組很強。第二，讀理工科，將來工作較好找。我跟老師報告說，我在台美斷交時已立志要當外交官，於是蘇老師同意我轉到社會組。

南一中畢業後，我如願考進台大政治學系國際關係組。當時台大政治學系的國際關係組跟政大的外交系是國內唯一的外交官培養科系。國際關係的課程包括國際經濟、國際政治、國際法律。學的範圍很廣，而且英文要讀三年。因為我聽學長姐們說，

德國不用學費，去德國讀博士比較便宜，因此，我從大二亦開始學德文。快畢業時，要考預官當預備軍官，我的學長那一期很多人智力測驗都沒過，因此，我做充分之準備，結果我的智力測驗考151分，班上僅有我考上經理特官。

國文不及格外交官不錄取　自修法律通過律師考

我在嘉義當兩年之補勤連排長，退伍後去參加外交官特考，結果國文不及格，高分落榜。退伍之後，本該工作讓父母休息，現在要重新讀法律，人生遭受最大的打擊。幸好，那時同時退伍之一群台大法律系畢業的朋友教我讀法律，鼓勵我熬過艱辛。我從民國79年11月開始自修法律，每天以台大法學院圖書館為家，到隔年3月參加法科高等檢定並通過。高等檢定阿扁總統在大學時也考試通過，通過高等檢定之後就等等於有法律系的學歷，可以報考律師與法官。同年4月我又去考政治大學法律研究所，因為該所政治系畢業生可以報考，不過五百個考生中僅要錄取二十名，機會很小，我卻幸運地因英文成績較高而被錄取。之後，我通過律師高考，並用政府公費到劍橋拿到法學博士。

與汪笨湖之相遇相惜

知道我的故事後，汪笨湖大哥對我特別關照，每週請我固定上節目。我除在節目中聲援阿扁外，以批評馬英九之傾中賣台政

策最力。此時，汪笨湖大哥向我提議籌組「番薯黨」，由其擔任黨主席，我參選台南市長，我沒有回應他。在我固定上節目約兩個月後，有一天一位長輩向我轉述王文洋夫人的話說，「節目這麼做，我們在中國壓力很大。」結果不久之後，汪笨湖大哥的股權就被要回去了。我擔任立法委員後，因中國失業者，我會儘量請他們吃尾牙。因此，我辦公室之尾牙宴除持續邀請鄭弘儀大哥外，我亦於兩年前在台南香格里拉大樓三十八樓宴請汪笨湖大哥，見到他好轉後之身影，映在安平美麗之夜景，回想起我少年時搬磚的場景。當年的老闆在我上大學後入獄，戮力於台灣文學之本土化與政治之民主化，讓我這位跟車捆工少年於2000年學成歸國後看到台灣之前景。

去年夏天，我正要停車到台北國賓飯店向忠孝扶輪社友做「我如何在立法院對抗黑與金」的演講，汪大哥來電告知「阿扁總統非常讚賞你，你一個窮人家子弟打拚到這樣，非常不容易，找時間到台南聊聊，我有事情跟你講」。我於是安排時間到其「笨湖茱市場」拜會他。汪大哥跟我說，「若林俊憲立委沒選台南市長，我支持你選市長。先安排你上電視媒體，現在的主持人多受我關照過，應會還我人情。」

不久，兆豐金被美國開罰57億，我在立法院開記者會主張追究民事、刑事、行政責任。汪大哥看到新聞，來電問我三立與民視有否安排我上節目，我說沒有。他電話掛掉沒多久，這兩家電視台即來電邀請我上節目了。我上三立之節目後，汪大哥來電說我講得很好，該時段收視率增加了零點五百分點，要我繼續努

力。這是我聽到他的最後一段話。

我真的也很努力去為台灣及台南打拚，連農曆年皆未休息。去年農曆過年前，我得知汪大哥住進成大加護病房，但因大年初一須赴東京向台灣同鄉會與旅日台灣醫師連線成員在初二做新年會演講，所以在回國後才趕往成大醫院探視，汪大哥睜開久閉之雙眼看我，並流下眼淚。

為台灣，磚窯老闆拚到倒下，搬磚少年更要扛起。這應是他對我的期許。我以為他已漸漸好轉，應能再多活幾年，怎知在今年2月16日恩人仙逝，留下懷思。其三哥來電告知噩耗，並告知汪大哥遺言中與我相關部分：「笨湖交代台南市長選舉要支持你。」今年2月25日下午台南天橋教會追思會後，其三哥在教會門口送客時告訴我，「許教授，你是我弟弟所看到的最後一個人。」我頓時情緒激動，決定一肩扛起他對我的期許。

（作者為前立法委員，現為國立成功大學法律系教授）

「本土政論一哥」
——憶笨湖兄

/江志銘

　　受曹長青老師之託，希望我寫些追思笨湖兄的短文，讓我想起了「錦上添花人人有，雪中送炭世間無」這兩句話，可以說是笨湖兄最好的寫照。

　　2004年總統大選時，我陪著阿扁總統一起南下參加《台灣心聲》戶外開講的專訪節目。笨湖兄犀利的言詞、豐富的肢體動作，早已風靡了大批電視機前的觀眾朋友，但在現場看到他收放自如的主持風格，以及淺白易懂但極富感染力的語言，更讓人感到震撼，「本土政論一哥」的稱號絕對當之無愧，這是我對笨湖兄最早的印象。

　　阿扁總統入獄後，一方面安排他與總統會客，另外受邀上他的節目向鄉親報告阿扁總統的狀況，才漸漸與笨湖兄有較深的接觸。其中印象最深刻是阿扁丈母娘告別式的當天，獄方特別允許阿扁到台南奔喪並發表悼文，場面極為感人。笨湖兄不但親身參與了治喪的工作，並透過他在媒體的影響力，讓整件事情獲得更多社會的關注。

　　當時是國民黨馬英九政府氣勢最旺、權勢最大的時候，他敢直接挑戰當道，以「挺扁、救扁」做為電視節目的主軸與宗旨，

這種道德勇氣，以及台灣人硬骨的精神，如果沒有親身經歷過這一段歷史是很難體會的，這也是笨湖兄留給我們最好的典範。

（作者為台北市議員）

有情有義的
汪笨湖

／鄭新助

　　笨湖兄，離開我們已有一段時日，這些日子，我時常會想起他，想起那段為共同目標——救扁、救台灣，一起打拚的歲月，真是別有一番滋味在心頭，只要有人在我面前提到他，只要看到他的遺照，我就不禁會老淚縱橫，心情波動起來。

　　回憶我與笨湖兄相識，已經是一段很長的時日了，他開創《台灣心聲》節目，我就時常上他的節目開講，從此成了知心好友，他見義勇為，時常言人所不敢言，如2004年9月30日，《台灣心聲》節目棚內與高雄三鳳宮現場連線，聲援當時被統派媒體圍剿的外交部長陳唐山，說要解放「卵葩」，來講一些道地的台語，與台語被歧視的心酸，汪笨湖更講到台灣人的痛處，而造成了一時的轟動，記得我當時發言時，特別介紹「捧卵葩」的典故，以前有個員外患有大卵葩症，員外出門上轎時，都會有個奴才專門捧員外的卵葩，讓員外坐的舒服，這個奴才的工作就是專門捧員外的卵葩，後來就把這種奴顏奉迎的行為，叫做「捧卵葩」，許多民眾都說我真相大白的說法，深入民心。

　　另外在高雄三鳳宮聲援阿扁直播當時天下大雨，我們當場祈求三鳳宮主神中壇元帥能借用兩小時不要下雨，結果在戶外開場

節目過程中雨眞的停了，等到現場兩小時直播結束，民眾開車要回家，才發現三鳳宮附近已經淹大水了，我想眞的是「天佑台灣」，才會碰到戶外開講時雨就停了的「奇蹟」。

2006年8月26日，汪笨湖和我在台北228公園現場開講，當天天候不佳，可是吸引了許多民眾參加，開講前下了大雨，我們也是當場向二二八英靈祈求，結果也是眞的停止下雨，一直到節目結束，我們驗證了多次「天佑台灣」，對台灣前途更有信心。

2014年11月22日，我以無黨籍身分來參選連任四屆高雄市議員及一邊一國後援會成立，汪笨湖雖然大病初癒，還是「拖老命」來爲我助講，那天人山人海，掀起了「汪笨湖旋風」，他台風穩健，口才幽默，那天談話的內容，我仍然印象深刻，他曾講到不能分票，一定要集中選票，讓唯一敢公開挺扁的我高票當選，他甚至講到流了眼淚，可以說是一位眞情流露的性情中人。

他形容我是救扁的「指標性人物」，說他交到了我這位朋友，才會在台灣番薯台，發動救扁行動，我確實曾向他表白，雖然我努力在廣播節目中救扁，如果台灣番薯台也加入救扁的行列，把救扁的社會氛圍炒熱起來，相信一定救扁有成，台灣才會有希望。

台灣番薯台眞的成了救扁的捍衛軍，他邀請所有的挺扁志士，上他的節目，講出挺扁的心聲，涵蓋各階層的阿扁們，從隱姓埋名到公然挺身而出，台灣番薯台扮演了很重要的角色。當時陳水扁前總統被關到黑牢裡，身體健康亮起紅燈，番薯台的出現正是時候，阿扁被迫害的情況才能廣爲國人知道，汪笨湖努力，

功不可沒。

在我的印象中，汪笨湖是一個有情有義的人，他認為對的事，就會排除萬難去做，他認為陳前總統被關到身體健康出了問題，一定要釋放，才能有助社會的安定，他透過台灣番薯台，把理念講出來，對社會發揮很大的影響，他不顧一切，「雖千萬人，吾往矣」，這種勇氣，實在值得我們追隨。

笨湖兄離開我們了，他的精神仍然留在我們身旁，台灣國的子民，為這塊土地打拚時，他一定會在一旁祝福我們。

（作者為高雄市議員）

後記・附錄

【後記】
悼念笨湖活動中的
感恩和遺憾
/曹長青

　　我在美國跟笨湖兄最後一次通話時，他說醫生告知大約還有一年的生命，哪想到他很快就處於彌留前的昏迷狀態了。隨後從去看望他的金恆煒先生那裡得知，醫療已無回天之術，於是我們商量如果笨湖走了，我們至少要做兩件事，一是在台北辦一場汪笨湖紀念會，一是編輯一本「汪笨湖紀念文集」。雖然笨湖家人會在家鄉台南舉辦宗教儀式的追悼會，但我們要在台北辦一場由各界人士參加的celebrate life（慶祝生命）的紀念追思會，回憶笨湖生命中那些令人懷念的片段，跟他的朋友們、志同道合的戰友們一起，再辦一場為台灣呼喊的「台灣心聲」。

　　紀念會開得非常成功。台北市議會大禮堂爆滿，預定兩小時，但大家欲罷不能，延到三小時，那些因沒有座位而站在後面及過道的人，就站了三小時！大家都有情有義來送笨湖先生最後一程。

　　追思會由凱達格蘭校長金恆煒引言，能說一口道地台語、被汪笨湖視為「閉門弟子」的張銘祐在妻子臨產之際趕來做了司儀。由《政經看民視》主持人彭文正和我主持，新聞界、文化界、政界等很多朋友上台致辭。包括前行政院長游錫堃、前副總

各界人士踴躍參加「最後一集台灣心聲」汪笨湖追思紀念會，前總統府資政彭明敏（右1）、台灣民主基金會副執行長楊黃美幸（右2）、《民報》發行人陳永興（左2）、前行政院長游錫堃（左1）等均出席。

攝影：張良一／《民報》提供

統呂秀蓮，民視董事長郭倍宏，民報董事長陳永興，前華視總經理江霞，台灣民主基金會副執行長楊黃美幸，名嘴周玉寇，前北社社長陳昭姿和主辦這場紀念會的凱達格蘭基金會董事長高志鵬立委等。陳水扁前總統早就答應蒞臨並致辭，但追思會前夕遭台中監獄下令禁止，連追思一下老友的機會都被沒人性的獄吏（法務部）剝奪。會上還宣讀了廣受尊敬的台獨前輩彭明敏前資政、高俊明牧師的追思文，以及台北市長柯文哲、高雄市長陳菊、台南市長賴清德的紀念文字。作曲家王明哲以及陳維斌醫師也演唱了台灣歌曲，讓美好的記憶和對台灣的深情與笨湖同在。

具有語言天賦的帥哥彭文正用字正腔圓的台語華語，妙語連珠、機智幽默，讓紀念會上掌聲此起彼伏。最令觀眾歡呼的是，主持人提到彭明敏先生也到了現場。早在五十多年前的1964年，彭明敏先生就和他的兩個學生，謝聰敏、魏廷朝，在《台灣人民自救運動宣言》中提出：「拒絕共產黨，推翻國民黨，台灣人要走第三條道路：制定新憲法，建立新國家，加入聯合國！」他們當時就明確指出，一中一台已是鐵一般的事實！今天，無論是已經走了的汪笨湖，還是我們這些活著的人，都是在往彭先生當年指出的方向而努力！全場以最熱烈的掌聲和歡呼聲向彭明敏先生致以最高的敬意！非常令人感動的是，這位九十多歲的老人自始至終全程參加了這場三個多小時的追思會。

紀念會的高潮是民視董事長郭倍宏的致辭。他一上台全場就歡呼，因為他是台灣人的英雄。將近三十年前的1989年，在仍是國民黨獨裁的時代，做為台獨聯盟美國本部主席，郭倍宏就偷渡

闖關回到台灣。在郝柏村懸賞二百萬追捕他的情況下，郭倍宏不僅勇敢智慧地出現在民進黨議員的造勢大會上，而且發表了「推翻國民黨，建立新國家」這種大義凜然的演講。今天，郭倍宏英雄不減當年勇，不僅痛批國、民兩黨，更充滿激情、慷慨激揚地直呼，2019要公投建國！

那些前輩們前仆後繼，用血淚鋪成了今天綠營全面執政的道路，在如此大好形勢下，民進黨的頭面人物們卻縮頭縮腦，在台灣走向正常化國家的道路上無所作為。在彭明敏、郭倍宏這種英雄們面前，平庸者相形見絀。全場觀眾被郭倍宏的激情演講感動、感染、振奮。當主持人提出「2020應該推出郭倍宏選台灣總統」時，全場爆發出歡聲雷動的認同回應。然後我說，郭倍宏的副總統搭檔、競選總顧問我都選好了，兩個都姓彭，副總統是彭文正，總顧問是彭明敏，全場迸發出開心的大笑，鼓掌聲，歡呼聲，喊叫聲，口哨聲，把台北市議會的棚頂快衝破了！

隨後名嘴周玉蔻上台致辭動情地表示，被郭倍宏的演講深深地感動。她說，「聽了郭倍宏先生的一番發言，我發現2020年我有總統候選人可以投票了。」此話一出，激盪起全場再次的掌聲和歡呼聲。她又加上一句，「如果郭董事長選總統，我一定去做志工。」

不管郭倍宏和彭文正倆人是否有意願，這種呼聲起碼清晰地表達了台灣鄉親對民進黨完全執政後仍要維持國民黨馬英九們的現狀而強烈不滿，甚至憤怒。這種呼聲更表明了民心思變、民意所向！一場汪笨湖的追思紀念會，居然產生了下屆總統和副總統

的人選，這不是戲劇性，也不是開玩笑，而是令人耳目一新的、重審台灣政局的新視角！

　　爲了更全面地記錄下笨湖先生在這場爲台灣而戰的歷史上所留下的足跡、所體驗的苦與樂，也激勵後來人繼續在這條道路上奮戰，我們編輯這本「汪笨湖紀念文集」時，邀請了各界人士。大家都紛紛拔「筆」相助，追憶笨湖先生。我們在約稿信中特別提到，編輯這本書，是在悼念汪笨湖先生的同時，藉此傳播笨湖兄生前致力推動的台灣成爲正常化國家的理念！在這條艱難的台獨之路上，不少綠營的戰士倒下了；無論是否有個人私交，我們都是戰友，這是爲戰友唱一首輓歌，爲台獨戰役的最後勝利送一曲確信的戰歌（讚歌）！結果，短短的時間內就有70位作者回應，寫出71篇文章和詩作。

　　《蘋果日報》總主筆卜大中先生跟汪笨湖並無私交，但他的「汪笨湖就是地氣」卻一語道出了笨湖在台灣鄉親中的人氣和影響力的原因：他是接地氣的，他就是地氣！大中兄是我二十多年前剛抵達洛杉磯時就結識的朋友，多年來通過文字，更成爲知音。做爲一個所謂台灣外省人，大中先生是兩岸華人中非常少見的在台灣問題和西方左右派之爭問題上都跟我共鳴的知識分子，是信奉古典自由主義經濟理念的保守派學者；我深以有這位明晰大是大非、文筆優秀、且頗具幽默感的朋友和知音爲幸、爲榮。大中兄的文章不僅對汪笨湖的評價「太到位」了，而且構思精巧，文筆精煉，不愧是總主筆的大手筆。

　　跟郭倍宏董事長約稿時，並沒期待他真能抽出時間寫，因爲

這陣子他大概快忙昏了。民視正在從台北搬家到林口，新大樓尚有多項裝修未完成；更嚴峻的是，由於郭倍宏毫不掩飾的深綠政治色彩、他引進的《政經看民視》成為台灣最敢講話、最敢批評的第一政論品牌，所以不僅遭到民視內部某些「大一統」心態者的敵視，更有來自國民黨，甚至民進黨的虎視眈眈。以民視前總經理陳剛信所代表的、正被歷史所淘汰的勢力，一直在運作，試圖推翻、取代郭倍宏；最近更有一批人試圖通過股票轉換、買賣來改變目前的董事會。但在如此嚴峻的百忙之中，倍宏兄寫來了有情有義有文采的追思文。文章不長，卻錯落有致，頗具構思的匠心，尤其是思想的清晰：在為台灣獨立而奮戰的最後衝刺中，自己手中的接力棒責任重大。他寫出了一種使命感。這是我們追憶那些倒下的戰士的重要主旨之一。

前文建會副主委吳錦發是我很佩服的一位台灣文化人，他對台灣歷史文化有精準的分析，並很有口才，而且氣質也有點像汪笨湖。他的文章從死亡寫起，說父親走了，「第一次感覺到與『死亡』之間失去了藩籬」，笨湖的離去，等於是被「死亡」用食指戳了一下額頭。視覺性很強的生動文字。最後他說，只有一句話：「我們這種人，凋零只是為了復活。這樣的話，沒有夢的人是不會懂的。」

前華視總經理江霞寫道，當年第一次見到汪笨湖，他說看過江霞演的所有的劇，甚至是他的夢中情人。後來汪笨湖的「台灣心聲」被關掉，時任華視總經理的江霞，請笨湖到華視開辦新的政論節目，但好景不長，因陳水扁要黨政軍退出媒體，江霞的華

視總經理也被拿掉了。這本笨湖紀念文集，恆煒和我各自想了書名，但出版社認為不理想，最後他們用了江霞文章的意思。可見還是「夢中情人」情有獨鍾，奪了頭冠。

在媒體人中，政論節目主持人可謂是最忙的。但綠營兩位最重要的節目主持人彭文正和廖筱君都寫來了感人的追思文。彭文正言簡意賅，談到自己受打壓時，笨湖用芭樂和橘子傳遞了那種「日月潭水深千尺、不及汪兄送我情」般的力挺。廖筱君則在父親生病、自己每天主持節目的緊張中寫出長文，追溯自二十年前她在民視時代就跟「新聞工作上亦師亦友的心靈導師」笨湖大哥結下的友誼。她寫出了在政局動盪不安的台灣媒體人那種緊迫感，以及笨湖多年來，而且直到生命的最後時刻，都密切關注台灣前途和命運的情懷。

同樣忙於征戰各電台的周玉寇也及時傳來了追思文，道出一個不會台語的人當年參加汪笨湖節目時的感受和心理轉變。她說笨湖是台灣國家認同這顆大樹的植樹人，這點跟卜大中的汪笨湖接地氣的說法頗為類似，既形象又準確。

在整個邀稿過程中，最讓我感動的是高俊明牧師。他年事已高，且有病在身，但仍堅持跟太太一起寫來了追思文章。高牧師跟彭明敏教授一樣，在台灣都是德高望重的指標性人物。在彭明敏等人1964年發表《台灣人民自救宣言》之後的1977年，高俊明擔任總幹事的台灣基督長老教會發表了《人權宣言》，強調台灣人要民族自決，要把這片土地建成新而獨立的國家。這兩個宣言，可謂台灣獨立建國的姊妹篇綱領。高牧師夫婦都不會用電

腦，在身體不適的情況下，手寫了這篇文字，那份認真和情懷令人感動！

彭明敏先生成長於日據時代，早年又在日本留學，聽他說中文，很像是聽一個學中文的日本人在說話。但他卻能用中文寫文章，雖然篇幅不長，卻點出了一個關鍵的要點：「要找第二個汪笨湖實在不易。」雖說每個人都有自己的特色，但很多人的東西可以學習、模仿，只有少數人的特色只屬於他自己，笨湖就是那極少數之一。

陳水扁前總統因典獄長刁難而沒能參加笨湖的追思會，但他的文章卻頗具匠心和文采，竟能把汪笨湖的主要小說和政論節目的名字串到一起，構成獨具一格的評論，幾乎是道盡了笨湖在文學和政論這兩大領域的成就。這可真的是巧思奇想，用心下功夫，才會寫出這種精妙之作。

另一位令我非常感動（也是全書年齡最大）的作者，是今年99歲的史明老先生。他長期身體很不好，目前說話都困難，但仍口述了追憶汪笨湖的文字，由他的戰友助理敏紅幫助整理打字傳來。在此感謝老人家。

在整個採編這本書稿的過程中，還有很多令我感動的事例、令我感慨的文字，限於篇幅，無法在此一一列出。當然也遇到了幾件出乎我意料的事情，其中最讓我感到遺憾的，是沒有見到李登輝前總統就汪笨湖的去世有任何表示。

笨湖曾長期追隨李前總統。2000年大選時，意屬綠營的汪笨湖把票投給了連戰，就因為他承諾了李登輝。為此他被綠營很多

人話垢。笨湖也因為擁李而嚴詞痛批過陳水扁，同樣惹來綠營很多人不滿。但在台南天橋教會的告別式上，跟汪笨湖沒有什麼政治淵源的蔡英文總統贈匾「才具樹績」，副總統陳建仁贈匾「絕才健筆」，因電視台問題跟汪笨湖鬧僵的王文洋也送了花籃並對家屬有所表示，但卻沒有看到李前總統送花籃或輓聯。所以在編輯這本書時，我就給李前總統寫了封信，希望他老人家對笨湖的突然離世寫幾句話，與其說是為已逝的笨湖，不如說更是為給健在的老總統一個展示基督徒寬容胸懷的機會，給後人一個榜樣。但非常遺憾的是，我收到的回音是：年事已高，不便參與。但不久就從媒體看到，李登輝出席了李元簇副總統的追悼會並講話。看到這一幕，很感嘆，想到跟汪笨湖沒有什麼淵源的、同樣是九十多歲的彭明敏先生，不僅寫了紀念文字，而且全程參加了三個多小時的追思會。他們同樣都是日據時代成長過來的人，同樣都是日語比中文好，同樣是台灣民主轉型過程中的指標性人物，但一個體制內，一個體制外。是兩種人生造就了兩種品格，還是兩種品格造就了兩種人生？幾經考慮，我把給李前總統的信附在本書後面，算給將來的歷史留下一個小小的註腳吧。

最後，非常感謝恆煒兄和文正兄同意與我共同主編這本書，恆煒曾做過大手術，他在拖著病體完成自己新書的繁忙中，幫助邀約了不少跟笨湖有關的朋友，為笨湖的追思會和這本書出謀劃策，貢獻心力。文正則在每天主持節目還要照顧年幼孩子們的緊張中，赴台南參加了笨湖的告別式，跟恆煒和笨湖的「閉門弟子」銘祐一起策劃、張羅了台北的笨湖追思會，為本書的宣傳盡

心盡力。拜恆煒兄和文正兄的參與，追思笨湖兄的活動和文集才有了一呼百應的效應。

我也很感謝前衛出版社能夠出版這本紀念文集，這不是一本有商業利益的書，但林文欽社長豪爽仗義，一口應允，並答應我的要求：橫排版，多加照片，不惜成本。在這裡也要感謝笨湖的摯友、台南的鄭新助議員、《台灣e新聞》主編Jenny Tsai、以及高雄的詩人曾貴海醫師，贊助這本書的出版。

更感謝本書的七十多位作者，謝謝你們在百忙之中，在那麼短的截稿時間內，撥冗表達對笨湖的情誼和對台灣綠色前景的信心。為本書撰稿的在美國大學任教的台灣人聲樂教授、女高音歌唱家李雪玟說，笨湖是兩頭燃燒的蠟燭，為台灣帶來更多光亮。其實你們每一位作者，何嘗不是！這種跟笨湖理念一致的兩頭燃燒的蠟燭多了，就會照得黑暗無處躲藏，台灣就會像太陽花那些孩子們所歌唱和期待的，有了島嶼天光！在未來陽光普照的萬里晴空中，在歡慶台灣共和國誕生的時刻，笨湖兄等一大批為那個日子做出貢獻和犧牲的先驅們，會以欣慰的目光，從天國注視他們愛過、付出過心血的家園！

曹長青

2017 年 4 月 6 日於台北

【附錄】
給李登輝前總統的信

李前總統：您好！

汪笨湖先生走了，我們都很心痛！他當年主持《台灣心聲》政論節目，對傳播綠營的理念，擴大台灣人的聲音，做出了重要貢獻。3月26日，在台北會有一場追思會，主要是新聞界和文化界等朋友們出席致詞。我和妻子也會趕去台灣參加這場追思會。

金恆煒先生和我還準備編一本汪笨湖紀念文集，邀約一些新聞和文化界以及政界的綠營朋友用文字懷念、追思汪笨湖先生。同時也藉此機會擴大汪笨湖先生和我們大家所追求的台灣成為正常化國家的聲音。

如果可能，也很希望李前總統能寫一點文字。當年您與笨湖情同父子，他對您極力稱讚。最近編輯這本文集，翻出之前的照片，還看到一張總統跟笨湖和我在台南機場候機室的照片。那是群策會在台南組織的演講結束後，我隨李總統一行人返回台北，笨湖來機場送行。也許您還記得，那天我們三人在一起聊了很長時間，對李前總統所推動的台灣制憲、建國的前景充滿希望。笨湖當時神采飛揚，您則笑容可掬。但一轉眼，就天人永隔了，想

來真是心痛！

　　我去年兩次回台灣，參加電視評論節目一個多月，笨湖兄經常跟我通話，談節目內容、收視率等，也談台灣的人與事。我也專程去台南看望過他，因他患大腸癌做了手術。有時也會談到李總統，笨湖從來都沒有跟我說過一句總統的不是，而且總是尊敬有加地用「老總統」來稱呼您。從收到的悼念文章中讀到，有一次你到台南還是什麼地方參加活動，笨湖特意跑去，希望看望你一下，可惜被你的隨從拒絕，說沒有預約，總統一律不見。而你的隨從人員都是認識笨湖的。即使有過這樣的挫折和冷遇，笨湖也沒有（起碼我沒有聽到過）對總統有不敬的話。

　　我不知道笨湖跟李總統是否有什麼過節，但無論如何，笨湖也不至於是李前總統的敵人吧，更何況《聖經》裡耶穌教導，連「敵人」都要愛的。相信做為基督徒的李總統不是心胸狹隘之人。所以我懇切地邀請李前總統也能就汪笨湖先生的離世寫幾句話。笨湖至死都尊敬老總統，在有些人看來他有些愚忠，但這就是笨湖的性格，他是個仗義執言、有情有義、有俠氣的人。這也是很多人對他的英年早逝很不捨的原因之一。

　　李總統，時光飛逝，我們最後一面已是十年前。那次我去你家裡，勸你不要支持施明德為首的紅衫軍倒扁，因為他們是穿了紅衣服的國民黨支持者，目的是要推翻本土政府的民選總統，泛藍是要擊敗綠營、奪權。可惜我們沒有達成共識。你周圍的一些人向你傳遞了錯誤的信息。現在，那一切都已經成為過去，並導致了相信您也沒有料到的令人非常遺憾和痛心的結果。但只要我

們大家都本著一顆為台灣的前途而努力的公心，願意盡自己的努力的話，一切都會有新的轉機的可能。在這場為台灣成為正常化國家而衝刺的最後幾百米的旅途中，我認為李前總統仍有別人不可取代的推動力量。每一個人的歷史定位，並不是因為他都做過什麼，而是他生命中有過什麼閃光的亮點。李總統一生頗多亮點，但我相信您的最亮點還在後面。

　　李總統，我寫這封信是想強調，不管怎樣，笨湖與你情義一場，而且是那樣的深情厚意，他走了，走得這樣早（他跟我同年同月生），我們大家都非常悲慟。想來總統也會心有戚戚焉吧。如果總統願意就你的老朋友笨湖寫幾句話，收入這本紀念文集中，將會向世人展示總統的胸懷、高度和情義，是美事一樁。當然，出於任何原因，您不便寫，也不必勉強。對一個人的情懷，當然是不能勉強的。

　　當年我和我太太康尼採訪了您許多次，包括對夫人、兒媳和孫女等的訪談等，準備寫那本被你稱為你的「最後的一本授權傳記」，也因為紅衫軍那場紛爭，我們的意見分歧等，暫時放下了，因為不知道如何寫下去。那些糾紛，絕不是任何個人之間的糾紛，它牽扯到很多大是大非的問題。也許隨著時間的推移，我們大家會對是非、對錯有更清晰的認知。

　　上次陳秀麗大姐一片好心，在她張羅的有您參加的餐會中也邀請了我。可惜那天我因參加兩場《政經看民視》的預錄而沒法前往。聽秀麗大姐說，你看到邀約名單上我的名字，還問曹先生怎麼沒有來。我聽了很感動，按笨湖兄的說法，老總統的記憶還

是那麼好，並關心他曾經的朋友們。所以，如果有機會，我還是很高興就目前綠營的形勢與走向再跟您交流看法，如果總統仍願意傾聽我的不同聲音的話。

不管怎樣，有時在電視上看到總統身體仍是那樣硬朗，發自內心為您高興！也為李夫人的健康而高興，她是一位難得的有修養，低調，富有愛心的女性，這是總統的福氣！

如果總統願意寫的話，就請傳（或寄）給陳秀麗大姐轉我，因為我跟康尼很快要赴台參加笨湖的追思會（如果總統能參加這個追思會該有多好！是3月26日下午2點鐘開始，在台北市政府會議廳）。

最後，祝總統和夫人身體健康！

曹長青

2017 年 3 月 6 日於美國

植民地の旅

殖民地之旅

佐藤春夫 —— 著

邱 若 山 —— 譯

Sato Haruo

日治台灣文學經典，佐藤春夫的
殖民地療癒之旅，再次啟程！

1920年，日本名作家佐藤春夫帶著鬱結的旅心來到台灣，
他以文學之筆，為旅途的風景與民情，留下樸實而動人的珍貴紀錄。
他的腳步，也走出一幅殖民地的歷史圖像，透析台灣的種種問題，
作為日治時代殖民地文學代表作，如今仍令讀者讚嘆不已。

前衛出版
AVANGUARD

台灣
經典寶庫
Classic Taiwan

2016.11 前衛出版 定價480元

台灣原住民醫療與宣教之父——
井上伊之助的台灣山地探查紀行

日治時期台灣原住民之歷史、文化、生活實況珍貴一手紀錄
「愛你的仇敵！」用愛報父仇的敦厚人格者與台灣山林之愛

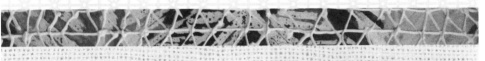

トミーヌン・ウットフ

台湾山地伝道記

上帝在編織

井上伊之助 著

石井玲子 譯

鄭仰恩、盧啟明 校註

台湾山地伝道記
上帝在編織
トミーヌン・ウットフ

井上伊之助 原著　石井玲子 譯　鄭仰恩 盧啟明 校註

井上伊之助 原著

前衛出版
AVANGUARD

台灣經典寶庫
Classic Taiwan

2016.07 前衛出版　定價480元

台灣總督府

日本帝國在台殖民統治的
最高權力中心與行政支配機關。

本書是台灣總督府的編年史記,黃昭堂教授從日本近代史出發,敘述
日本統治台灣的51年間,它是如何運作「台灣總督府」這部機器以
施展其對日台差別待遇的統治伎倆。以歷任台灣總督及其統治架構為
中心,從正反二面全面檢討日本統治台灣的是非功過,以及在不同階
段台灣人的應對之道。

前衛出版
AVANGUARD

台灣
經典寶庫
Classic Taiwan

2013.08 前衛出版 定價350元

台灣
經典寶庫
Classic Taiwan
7

南台灣踏查手記

原著｜Charles W. LeGendre（李仙得）

英編｜Robert Eskildsen 教授

漢譯｜黃怡

校註｜陳秋坤教授

2012.11 前衛出版 272頁 定價300元

從未有人像李仙得那樣，如此深刻直接地介入 1860、70 年代南台灣原住民、閩客移民、清朝官方與外國勢力間的互動過程。

透過這本精彩的踏查手記，您將了解李氏為何被評價為「西方涉台事務史上，最多采多姿、最具爭議性的人物」！

節譯自 *Foreign Adventurers and the Aborigines of Southern Taiwan, 1867-1874*
Edited and with an introduction by Robert Eskildsen

C. E. S. 荷文原著
甘為霖牧師 英譯
林野文 漢譯
許雪姬教授 導讀
2011.12 前衛出版 272頁 定價300元

被遺誤的台灣 *Neglected Formosa*

荷鄭台江決戰始末記

1661-62年，
揆一率領1千餘名荷蘭守軍，
苦守熱蘭遮城9個月，
頑抗2萬5千名國姓爺襲台大軍的激戰實況

荷文原著 C. E. S. 《't Verwaerloosde Formosa》(Amsterdam, 1675)
英譯William Campbell "Chinese Conquest of Formosa" in 《Formosa Under the Dutch》(London, 1903)

國家圖書館出版品預行編目（CIP）資料

本土原味，台灣心聲 : 笨湖精彩一生
　金恆煒, 彭文正, 曹長青主編.
　- - 初版.- - 台北市：前衛，2017.05
　240面；15×21公分

　ISBN 978-957-801-818-1(平裝)

　1. 汪笨湖　　2.臺灣傳記

783.3886　　　　　　　　　　106005343

本土原味，台灣心聲

笨湖 精彩一生

編　　者　金恆煒、彭文正、曹長青
作　　者　卜大中等
責任編輯　鄭清鴻
封面設計　黃聖文
美術編輯　宸遠彩藝

出 版 者　前衛出版社
　　　　　10468 台北市中山區農安街153號4F之3
　　　　　Tel：02-25865708　Fax：02-25863758
　　　　　郵撥帳號：05625551
　　　　　E-mail：a4791@ms15.hinet.net
　　　　　http://www.avanguard.com.tw
出版總監　林文欽
法律顧問　南國春秋法律事務所
出版日期　2017年5月初版一刷
　　　　　2017年5月初版二刷

總 經 銷　紅螞蟻圖書有限公司
　　　　　台北市內湖區舊宗路二段121巷19號
　　　　　Tel：02-27953656　Fax：02-27954100
定　　價　新台幣250元